LA FAMILLE

DE

SURVILLE,

OU

LES FRANÇAIS DE TOUS LES RANGS.

Diversité, c'est ma devise.

LAFONTAINE.

AVEC FIGURES

SECONDE ÉDITION.

Paris,

CHEZ LES PRINCIPAUX LIBRAIRES.

1825.

est réunie à celle de la poste aux lettres par l'ordonnance du Roi, précitée, du 17 mai 1817.

2. Il y a toujours à l'administration des postes, un agent supérieur pour recevoir les réclamations du public et y faire droit.

3. L'administration générale des postes peut traduire devant les tribunaux, sans recourir à la décision du Conseil d'Etat, les agens qui lui sont subordonnés. *Arrêté du Gouvernement, du 9 pluviose an X* (29 janvier 1802)

4. Conformément à l'article 14 de la loi du 28 août 1791, le port des lettres et paquets est paié comptant. Il est libre à tout particulier de refuser chaque lettre ou paquet au moment où il lui est présenté et avant de l'avoir décacheté. *Ordonnance du Roi, du 6 août 1807, art.* 15.

5. L'administration des postes est seule chargée du transport des lettres, papiers, journaux, etc., et paquets du poids d'un kilogramme et au-dessous. Voir *Voitures publiques*, au mot *Roulage*.

6. Défenses à toutes personnes de tenir, même dans les villes et endroits maritimes, soit bureau, soit entrepôt, pour l'envoi, réception et distribution des lettres et paquets des ou pour les colonies françaises ou étrangères, du poids d'un kilogramme et au-dessous, à peine d'une amende de 150 à 300 fr. *Arrêté du Gouvernement, du 19 germinal an X* (9 avril 1802), *art.* 1er. Voir *Voitures publiques*, au mot *Roulage*.

7. Tout capitaine ou marin d'un bâtiment arrivant dans un port de France, est tenu, sous les peines ci-dessus, de porter ou d'envoyer sur-le-champ au bureau des postes du lieu, les lettres et paquets qui lui ont été

LA FAMILLE

DE

SURVILLE.

T. II.

LA FAMILLE

DE

SURVILLE,

OU

LES FRANÇAIS DE TOUS LES RANGS,

ROMAN HISTORIQUE;

PAR UN INVALIDE,

AUTEUR DES LOISIRS D'UN FRANÇAIS.

Diversité, c'est ma devise.

LAFONTAINE.

SECONDE ÉDITION.

TOME SECOND.

Paris,

IMPRIMERIE DE SÉTIER,

COUR DES FONTAINES, N° 7.

1825.

[illegible]

du

[illegible]

[illegible]

LA FAMILLE

DE

SURVILLE.

CHAPITRE PREMIER.

Un espace de cinq années s'était écou-
lé ; la France avait déjà éprouvé tous les
maux , toutes les calamités qui peuvent
atteindre une nation : plusieurs genres
de gouvernemens s'étaient succédés dans
son sein ; elle était alors sous la puissance de deux Conseils, appelés des
Anciens et des *Cinq-Cents*, prédo-
minés tous deux , par un Comité direc-
teur, composé de cinq membres, et
armé de tout le pouvoir dictatorial.
L'armée , digne sanctuaire de l'honneur
français , après s'être vue trahie plusieurs fois , privée de subsistances , de
vêtemens, abandonnée au milieu de

ses nombreux ennemis aux seules res-sources de son courage et de ses armes, conservait toujours cette fière attitude que devait y maintenir long-temps encore la présence des héros qui la comman-daient. Les généraux Dessaix, Kléber, Bernadotte, Jourdan, Moreau, Cham-pionnet, Macdonald, Kellerman, Mas-séna, Lecourbe, et d'autres héros en-core, continuaient à se couvrir d'une gloire impérissable. En vain l'Angleterre, la Russie, l'Autriche, la Turquie, Al-ger, Rome, la Sardaigne, Naples, la Sicile, et toute l'Italie, s'étaient-elles co-alisées contre nous, il nous était encore permis de citer cette devise des anciens Gaulois, placée sur un bouclier cou-vert de roseaux : *Souvent agités, ja-mais abattus.* Championet et Lemoine battaient les Napolitains et leurs alliés, à Jerni, à Monterosi, à Ponto-Fermo, à Civita-Castellana et à Livourne: Kléber et Bonaparte triomphaient, à El-Arich et au Mont-Tabor, sur les Turcs et les Mamelucks; Masséna disputait la Trébia aux armées nombreuses de Suvarow, et Lecourbe s'immortalisait dans les montagnes des Grisons.

Ce dernier, commandant en qualité de Lieutenant-Général, l'aile droite de l'armée d'Helvétie, dans ces contrées où il éternisa sa mémoire, venait, dans un combat sanglant, de vaincre les Autrichiens, à Furster-Munder; après la déroute totale de l'ennemi, il portait lui-même des secours aux blessés des deux armées, lorsqu'il s'arrêta à la vue d'un enfant de dix ans à peu près, qui étendu sur le cadavre d'un officier de hussards le tenait embrassé, en faisant retentir de ses cris tous les lieux qui l'environnaient : un soldat, du même corps que l'officier, debout, appuyé sur son mousqueton, et près de son cheval expirant, considérait avec l'expression d'un désespoir muet cette scène de douleur.

— Quel est cet officier , Maréchal des logis ?

— M. Belmont, Général, mon Chef d'escadron.

— Peut-on espérer encore de le rendre à la vie ?

— Non, Général, il a payé sa dette : une balle a traversé son cœur.

— Quel est ce jeune enfant ?

— Son fils, mon Général ; je l'avais confié, pendant la bataille, à des habitans du village voisin ; je ne sais comment il s'est trouvé là au même instant où son brave père recevait le coup mortel.

— Je vous charge de rendre les derniers devoirs à ce Chef d'escadron, et je vous donnerai les moyens de renvoyer cet enfant à sa famille : venez ce soir me trouver à mon bivouac.

— Vous serez obéi, Général ;.... allons mon petit Charles, relève-toi, tu as raison de pleurer ; mais tes larmes ne le rappelleront pas à la vie. Remercie le Général : il va te renvoyer en France, à tes bons amis.....

— Que dis-tu , Georges?..... interrompit Charles en sanglotant , je dois donc tout perdre le même jour! eh bien ! le Général n'est pas mon père , et je ne lui obéirai pas ; je suivrai l'armée , je retrouverai celui qui a tiré le coup de pistolet , je suis sûr de le reconnaître et je me vengerai. A présent , abandonne-moi si tu veux , et vas avec ton méchant général.

— T'abandonner, mon ami ! reprit Georges avec la plus vive émotion, non ventrebleue , jamais..... Mon Général, laissez-moi cet enfant, je vous réponds d'en faire un brave de plus.

— J'y consens , puisque cela paraît vous convenir à tous deux ; mais vous ne serez pas seul chargé de cet élève ; recommandez-le de ma part au lieutenant St.-Paul , qui sert dans votre régiment ; dites-lui que je prends cet enfant sous ma protection spéciale , et que je désire qu'on ne lui permette de s'exposer au feu de l'ennemi que lorsque je l'aurai résolu. Adieu mon brave. » Georges porta la main à son schakos en signe de remerciement et de respect; le Général s'éloigna , suivi de son état-major , pour porter ailleurs ses soins et ses consolations. Bernard , alors brigadier , suivi de quelques hussards , était à la recherche de son Chef d'escadron , qui avait succombé dans la mêlée sans qu'il s'en aperçût : il arriva près de Georges à l'instant où le Général s'éloignait. Tous ces braves ensemble déplorèrent la perte de leur digne officier; ils descendirent de cheval , réunirent les brides entre les mains d'un seul de leurs camarades , formèrent un brancard en détachant de leurs troncs de jeunes sapins qui s'élevaient en ce lieu , et transportèrent le corps de leur Chef au pied d'un rocher qui se trouvait à trois cents pas d'eux , et qui leur fut indiqué par Georges. Arrivés à cette distance , suivis de Charles qui continuait à pleurer amèrement, nos hussards se réunirent en cercle, et, de la pointe de leurs sabres, creusèrent la dernière demeure de leur Commandant. Mais ce ne fut qu'après avoir employé les paroles les plus affectueuses, et enfin la force, que l'on parvint à détacher le jeune Charles du cadavre de son père qu'il tint embrassé jusque sur le bord de la fosse. On s'empressa de couvrir les restes de M. de Belmont ; Bernard , s'étant emparé d'une baïonnette restée sur le champ de bataille, s'en servit pour graver sur la roche le nom de son chef. Après quoi, nos hussards, s'étant tous formés en un petit peloton , firent sur ce tombeau deux décharges de leurs mousquetons, et, s'éloignant tristement du lieu de cette scène, ils regagnèrent leur division qui déjà avait établi ses bivouacs.

Aussitôt leur arrivée , Georges se rendit près du Colonel, et lui apprit les détails de la mort de M. de Belmont : cette nouvelle circula bientôt parmi tous les militaires de ce corps qui donnèrent à cette perte les plus vifs, comme les plus sincères, regrets. Le lieutenant S.t-Paul, qui devait son grade autant à la protection de ce digne officier qu'à son courage et à sa bonne conduite, depuis cinq ans qu'il était au service, vint unir ses chagrins à ceux de Charles ; Georges s'étant acquitté de la mission qu'il devait remplir auprès de lui, par les ordres du Général, il promit de remplacer son bienfaiteur dans les soins qu'exigeait l'éducation de Charles.

Saint-Paul avait fait d'excellentes études ; des circonstances particulières l'avaient prévenu contre une vie sédentaire à laquelle il était destiné ; l'anarchie qui régnait dans l'intérieur de la France, en 1794, lui avait fait envisager l'état civil comme environné de trop d'écueils pour l'homme qui, voulant y suivre une carrière quelconque, avait assez de caractère pour se montrer invariable dans les vrais principes d'une sage morale; en ces jours désastreux, un tel homme devait être condamné à une entière nullité, ou périr sans avoir pu se rendre utile à ses concitoyens : périr sans reproche, mais sans gloire. D'un autre côté, il entendait partout répéter les hauts faits de nos guerriers; les ennemis eux-mêmes rendaient hommage à leur désintéressement, à leur modestie comme à leur intrépidité; les rangs français étaient devenus l'asile de toutes les vertus et de tous les genres d'héroïsme; un élan patriotique enflammait toutes les âmes généreuses à la vue de l'étranger prêt à profaner le sol de la patrie !..... St.-Paul, jeune encore, orphelin depuis son enfance, affranchi de tous liens, ne put résister à cet enthousiasme : il quitta son pays natal, et vint s'unir aux nobles phalanges de ses concitoyens. En arrivant à l'armée, il vint se présenter au brave Lecourbe qui jadis avait connu sa famille ; ce bon et loyal officier le fit admettre dans le régiment où servait M. de Belmont, et le lui recommanda. Ce dernier, profitant des premiers faits d'armes de son protégé, lui accorda aussi les premiers grades : enfin St.-Paul venait d'obtenir les épaulettes de sous-lieutenant, quand la mort lui enleva son second protecteur.

Il fut convenu que, dès ce moment, Charles habiterait le bivouac de St. Paul ; mais que lorsqu'on pourrait prévoir quelque engagement avec l'ennemi, il resterait aux équipages, ou avec la réserve. Ce jeune orphelin devait aussi profiter de tous les instans consacrés au repos de l'armée pour s'instruire sous l'autorité du Sous-lieutenant ; son portemanteau serait composé d'une écritoire, de plusieurs bons livres, de plumes, et de papier blanc ; Georges se chargeait *de soigner ses effets d'équipement, d'habillement, de linge et chaussure:* ce fut du moins en ces termes que ce dernier stipula de lui-même les obligations qu'il voulait remplir.

On passa une partie de la nuit à s'affliger, une autre partie à faire des projets, et le reste à dormir sous le seul abri du ciel. Le cheval de M. de Belmont, après la mort de son maître, avait suivi ceux de son escadron ; il avait été remis au pouvoir de Charles, et Georges, qui avait perdu le sien, s'empara de celui-ci, aussitôt qu'il vit poindre le jour, pour aller en conquérir un autre, Il partit donc avec une reconnaissance commandée par le Général en chef ; il obtint du brave Lecourbe de diriger les éclaireurs dans les gorges et défilés qu'ils devaient parcourir, et où la cavalerie ne pouvait se hasarder qu'avec une extrême précaution. Arrivé à une lieue du camp sur une forte éminence, et se trouvant de deux cents toises plus avancé que les troupes à la tête desquelles se trouvait son Général, Georges aperçut une colonne ennemie sur sa gauche, qui, croisant la marche des Français, et tournant le revers de la montagne, allait sans doute attaquer en flanc et avec beaucoup d'avantage la reconnaissance dont il était suivi. Il en fit sur le champ prévenir le Commandant en chef, qui aussitôt ordonna un changement de direction à gauche, et se portant avec autant de rapidité que le lui en permettait les difficultés du terrain, sur la partie la plus élevée de la montagne, il s'y trouva assez à temps pour y prendre un ordre de bataille qui déjouât les projets de l'ennemi ; mais le Général vit bientôt qu'il avait affaire à des forces quatre fois supérieures à celles dont il pouvait disposer ; il résolut en conséquence de ne point attaquer, et même de ne combattre que dans le cas où il y serait contraint par les mouvemens de ses adversaires. Les Autrichiens qui, pour la première fois peut-être, remarquaient de l'hésitation dans les rangs français, en conclurent qu'ils se défiaient de leurs moyens, ou qu'ils attendaient des renforts pour livrer le combat; ils poussèrent donc des cris de joie et de carnage; et, au même instant, par un élan spontané, sans attendre le commandement de leurs chefs, ils fondent avec fureur sur nos troupes. Cependant les Français avoient reçu la première ligne ennemie par un feu à bout portant, qui avait fait fuir en désordre ceux qui n'avaient pas succombé; une autre ligne s'était présentée, et une semblable décharge lui avait fait éprouver le même sort; mais une troisième s'avançait avec plus d'ordre et de prudence que les premières, les fuyards s'étaient ralliés à celle-ci; le Commandant autrichien faisait en même temps diriger une partie de sa troupe à droite et à gauche, en avant de son corps principal, son but étant de forcer Lecourbe à se jeter dans la gorge qu'il avait quittée;

afin d'avoir sur lui, outre l'avantage des forces, celui d'une position qui assurait la victoire. Le Général français n'eut pas de peine à deviner les projets du Commandant ennemi, et prit de promptes dispositions pour se ménager une retraite facile; il fit soudain attaquer vigoureusement les troupes qui se dirigeaient sur sa gauche, pendant que, profitant des incidens du terrein dont il était environné, il se soutenait avec énergie contre les efforts du centre. Alors la fusillade s'engagea avec une effrayante vivacité sur tous les points, et bientôt on en vint à la baïonnette. Georges qui, jusqu'à ce moment, éloigné du corps principal et en observation, avait attendu les ordres de son Général, commença à songer qu'il pouvait l'avoir oublié, ou qu'il supposait que, dans une pareille position, une quinzaine de hussards ne pouvait conduire à aucun résultat. S'étant rapproché du lieu du combat, il vit que l'ennemi avait négligé de garder ses derrières ; il prit donc aussitôt la résolution de tourner la montagne et de le harceler sur ce point. A l'instant où les Français ne songeaient plus qu'à se retirer, en faisant tête aux ennemis déjà maîtres d'une partie du champ de bataille, les Autrichiens virent déboucher nos hussards ; ils crurent aussitôt que ceux-ci n'étaient que les coureurs d'un corps plus nombreux, que leur retraite était coupée ; ils s'effrayèrent, et les changemens que les chefs voulurent opérer dans leurs dispositions, occasionnèrent bientôt parmi eux le plus affreux désordre. » En avant ! battez la charge ! » s'écria au même instant le Général français. En avant ! fut répété par tous ses braves, et l'ennemi, étonné, découragé par l'imprévoyance et les fautes de ses commandans, ne songea plus à se défendre. Le plus grand nombre jeta ses armes, pour fuir avec plus de célérité ; mais, arrêtés par nos hussards, plusieurs de ces Keiserlichs

demandèrent quartier et l'obtinrent;
tous ayant bientôt suivi cet exemple,
huit cents prisonniers furent le résultat
de cette reconnaissance.

Après que le Général eut fait enlever
les blessés, et placer en ordre de marche
les vainqueurs et les vaincus, il reprit
la route de son camp et fit appeler
près de lui le Maréchal des logis, auquel il devait une partie de la gloire de
cette matinée; Georges se rendit aux
ordres de son chef, qui le reçut avec
l'expression de la plus vive gratitude.

— Votre main, mon brave, touchez
là, je suis content de vous ; cependant
vous garderez les arrêts pour huit jours,
parce que vous avez agi sans ordres , et
vous passerez ce temps à mon quartier-
général.

— C'est juste, c'est juste , je dois
être puni, mon Général ; il faut bien
que les anciens servent d'exemple : la
discipline n'est qu'une pour tous. Au
reste, il me fallait un cheval, et les

officiers autrichiens ont bien voulu m'en céder deux aujourd'hui ; voilà ce qui me consolera de mes arrêts.

— Combien y a-t-il que vous servez ?

— Treize ans, mon Général.

— Comment n'êtes vous pas encore officier ?

— C'est encore ma faute, et vous devriez augmenter mes arrêts pour cela. Vous saurez, mon Général, que je ne pouvais que signer mon nom il y a cinq ans ; que, depuis ce temps, mon ami Bernard me donne des leçons d'écriture, et que je ne suis à présent guères plus savant qu'alors. Pourtant mon Colonel a voulu plusieurs fois me proposer pour sous-lieutenant, mais je me suis condamné à n'augmenter les galons de mon *dolman*, que lorsque je serai bien certain que le corps d'officiers n'aura point à rougir de mon ignorance.

— Voilà qui est sans doute fort sage, mon camarade ; il faut donc vous hâter d'apprendre.

— C'est ce que je ferais, s'il ne fallait pas aussi nous dépêcher de nous battre.

— On peut espérer qu'avant peu nous jouirons de quelque repos, alors vous vous livrerez entièrement à l'étude.

— Encore un autre embarras : je suis sans fortune, et que peut faire un sous-lieutenant, lorsqu'il doit payer ses rations, en temps de paix, s'il n'a que sa solde? Mais c'est égal, mon Général, j'apprendrai toujours à écrire quand cela ne serait que pour donner de nos nouvelles aux amis de mon jeune Charles..... » A peine avait-il achevé ces mots, qu'un homme, accourant à travers les rochers, vint se précipiter à deux genoux devant le cheval du Général français, en s'écriant qu'il veuille bien lui accorder sa pitié.

— En quoi puis-je vous être utile ? lui demanda ce dernier.

— Hélas! mon Général, j'ai été pris ce matin par les Autrichiens que vous venez de battre ; ils ont prétendu que j'étais un espion, et ils devaient me fusiller après la bataille ; j'ai déjà eu assez peur de l'être dans cette affaire, car j'étais parmi eux pendant que vous leur tiriez au nez.

— Dieu me pardonne, c'est M. Germain ! s'écria Georges.

— M. Georges ! répartit à son tour Germain, est-il possible ? oh ! c'est un coup du ciel ! depuis le temps que je vous cherche... quel bonheur ! et M. Charles, où est-il ?

— Au camp, où nous allons, M. Germain, vous le verrez bientôt, le pauvre enfant est bien triste : il vient de perdre son père.

— Quoi ! M. de Belmont serait mort ?

— Hier.

— Allons, me voilà bien avancé, moi qui venais précisément pour lui remettre une lettre de M. Robert, et pour l'entretenir des choses les plus importantes. Pourquoi faut-il que je me sois trompé de route!

Pendant ce dialogue, la colonne s'était remise en chemin; Georges expliqua bientôt au Général son degré de connaissance avec l'étranger qui venait se placer sous leur protection; ensuite, revenant à celui-ci, il s'informa de la santé de la charmante madame Germain; il apprit avec joie qu'elle parlait souvent de lui, et se rappelait sans cesse les services qu'il lui avait rendus, tant à Paris que pendant le voyage de Franche-Comté.

—Mais au reste, ajouta Germain, tout le monde dans la maison vous cite à tous propos : M. Robert dit que vous êtes le plus honnête homme qu'il connaisse ; mademoiselle Thérèse dit que vous êtes le plus brave et le meilleur qui soit au monde; la petite Lucie même, sans vous connaître, soutient que vous êtes plus beau que tous les autres; et ma femme!..... ah! ma femme n'en finit pas quand une fois elle se met à chanter vos louanges ; d'ailleurs c'est presque toujours au même moment où elle me querelle, ainsi je vous demande si cela dure long-temps ! » Germain entretint une bonne heure notre Maréchal des logis , des impressions de plaisir et de regret dont il était l'objet dans la maison de Robert ; il continuait encore , lorsque, débouchant dans une jolie plaine, nos braves et leurs prisonniers se trouvèrent tout à coup au centre du camp français. De tous côtés les soldats accoururent pour s'assurer des résultats de la fusillade qu'ils avaient entendue, chacun d'eux craignant d'avoir à déplorer la perte d'un camarade, d'un frère ou d'un ami. Heureusement le Général français ayant profité des moindres incidens du terrain qu'il occupait , pour défendre sa position , épargner le sang des siens et dérober à l'ennemi la modicité de ses forces , ses troupes avaient peu souffert dans cette action.

La joie fut donc des plus vives , et nos héros ayant été reçus au milieu des cris d'allégresse , Lecourbe profita de ce moment où une foule nombreuse l'entourait , pour désigner Georges à ses compagnons d'armes comme le principal auteur du succès qu'il venait d'obtenir. « Oui, mes amis , leur dit-il , c'est lui qui , sans attendre mes ordres , a décidé la déroute des ennemis dont le nombre nous accablait ; rendez grâce à son dévouement , car s'il n'eût pas réussi il aurait été fusillé sur-le-champ. » Charles, accouru dans ce lieu , vint grimper après les étriers de Georges , et se jeta en sanglotant dans ses bras , en lui reprochant de s'être éloigné de lui sans le prévenir ; celui-ci reçut son jeune ami avec une vive satisfaction ; mais il lui fit observer qu'il serait encore huit jours sans le revoir.

— Comment cela ! est-ce que tu peux quitter celui qui n'a plus de père ?

— Non certainement je ne te quitterai pas ,..... c'est que, vois-tu , je suis aux arrêts.

— Tu n'as donc pas été brave ? reprit Charles avec un étonnement marqué.

— Corbleu ! M. Charles, croyez-vous qu'on trouve des poltrons dans nos rangs?

— Ne te fâche pas comme cela ; sans doute j'ai tort. Pourquoi aussi ne me dis-tu pas tout de suite ce que tu as fait? Je vois que tous les camarades te regardent comme une bête curieuse....... » Knopf lui raconta en peu de mots d'où venait l'attention dont il était l'objet, et lui montra ensuite Germain qui attendait avec impatience que le jeune de Belmont portât ses yeux sur lui. Charles n'avait déjà plus qu'une idée confuse du valet de chambre ; cependant il se rappela peu à peu ses traits, et cela le conduisit au souvenir de tous ses anciens amis.

Saint-Paul vint se réunir au petit groupe, et pendant qu'ils s'entretenaient à l'écart, le Général donnait ses ordres pour que l'on transportât les blessés au plus prochain village, et pour que l'on donnât des vivres aux prisonniers autrichiens; le plus grand nombre de ces derniers étaient déjà pourvus par les soldats français qui, partageant leur pain avec eux, les plaignaient encore de ce que le sort des armes les condamnaient à ne plus combattre.

Un aide-de camp vint annoncer au Commandant en chef qu'une maison voisine était préparée pour le recevoir.

— Je reconnais là Messieurs les aides de camp, dit alors le Général, toujours prévenans !..... c'est fort bien : nous habiterons cette maison pendant le jour; mais ce soir au bivouac.

Où peut-on être mieux qu'au sein de sa famille !

ajouta-t-il avec gaîté. Portant ensuite ses regards sur Georges : « Allons, mon prisonnier, suivez-moi.

— Général, je suis à vos ordres; mais

voici un petit houssard qui veut absolument partager ma prison : le lui permettez-vous?

— Qu'a-t-il donc fait pour être puni?

— Général, reprit Charles avec vivacité, j'ai dit hier que vous étiez méchant, et que je ne vous obéirais pas.

— Oh! dans ce cas, point de grâce, dit le Général en souriant; en prison avec notre ami Georges. » Germain accompagna Saint-Paul près du feu de sa compagnie, et le Maréchal des logis, ainsi que le jeune de Belmont, suivit l'état-major dans la maison qui lui était réservée. Un repas simple était déjà servi dans la pièce principale de cette habitation. Le Général, après avoir pris connaissance des différens *rapports* de son corps d'armée, et avoir expédié des instructions aux officiers supérieurs, se mit à table, faisant placer Georges à sa droite, malgré les observations de celui-ci, qui n'osait accepter cet honneur. Nous nous dispenserons de rapporter la conversation toute militaire qui eut lieu pendant ce repas, persuadés que nos lectrices n'éprouvent pas un très-grand désir de s'instruire dans une tactique qui leur est inutile pour vaincre ceux dont elles veulent triompher.

Knopf avait choisi pour prison la demeure de ses chevaux ; en sortant de table, il s'était rendu à l'écurie avec son cher élève, et, tout en s'occupant du pansage, joignant l'exemple aux préceptes, il lui donnait les premières leçons d'un cavalier.

— Vois-tu, mon Charles, lui disait-il, c'est ainsi qu'on doit étriller ses chevaux. Les pauvres bêtes ! elles ne peuvent parler : il faut donc deviner et prévenir tous leurs besoins.... Mais, dis-moi donc comment il s'est fait que tu te sois trouvé là, précisément quand ce maudit coup de feu...... Allons, allons, ne pleure plus, réponds-moi.

— Tu sais bien qu'il y avait deux jours mon père et toi vous m'aviez laissé dans la maison de ce fermier où vous aviez logé, en lui recommandant de ne point me laisser sortir; tu avais promis pourtant de venir me chercher le lendemain, et j'étais bien triste de ne pas te voir. Voilà que tout à coup j'entends le canon comme s'il n'était qu'à un quart de lieue de moi; je monte dans le grenier pour tâcher de découvrir le lieu du combat; mais les montagnes m'en empêchaient, et j'étais désespéré. Je savais que le fermier et sa famille avaient bien peur de voir revenir les Autrichiens, et que dans ce cas ils devaient quitter leur maison; moi, je ne pouvais plus y rester. Je descendis auprès d'eux comme tout effrayé. Je savais que les Autrichiens avaient des habits blancs, je leur dis que j'en avais vu une colonne qui s'avançait de leur côté. Ils s'empressèrent aussitôt de rassembler leurs hardes et ce qu'ils avaient de plus précieux; un garçon de ferme, qui était monté au grenier pendant ce temps, vint dire à son tour qu'il croyait aussi avoir aperçu la colonne : c'était sans doute la peur qui lui avait fait voir cela : car il n'y avait de blanc qu'un peu de neige dans les gorges. Enfin, je profitai de leur désordre pour m'esquiver, et, me dirigeant sur le bruit du canon, après deux heures de course j'arrivai jusqu'au lieu du combat. Là, du haut d'un rocher, je vis notre cavalerie aux prises avec l'ennemi ; je distinguai l'uniforme de nos hussards, et courus encore jusqu'à l'endroit où ils se battaient ; je t'appelais, ainsi que mon père, à grands cris..... J'avais déjà été plusieurs fois renversé par les chevaux et les hommes dans la mêlée, lorsque je vis tomber ton cheval sous toi, et presqu'au même temps mon pauvre père, que tu défendais contre cinq ou six houlans ; je courus à lui ; je me jetai sur son corps ; il me pressa dans ses bras..... mais ce fut pour la dernière fois.

— Ne pleure donc pas comme cela,.... un militaire doit avoir plus de courage...

— Mais tu pleures bien aussi, toi.

— Non, dit Georges vivement, en se détournant pour essuyer ses yeux. Ecoute, ajouta-t-il, je t'apprendrai à te bien battre, et ensuite nous détruirons autant de houlans que nous pourrons en rencontrer, pour venger ton père.

— Oui, Georges, n'est-ce pas ? Tu me donneras un sabre plus fort que celui que j'ai; il est bon pour un enfant le mien, et j'ai plus de dix ans; ensuite tu m'apprendras à tirer le pistolet.

— Oui, mon ami; oui, mon cher Charles, et je t'assure que bientôt nous en donnerons à découdre à ces chiens de houlans; peut-être que dans le commencement tu ne feras d'abord que les blesser, parce que tu ne seras pas encore bien adroit; c'est égal, quand tu en auras mis un hors de combat, tu prendras ta gourde, tu lui feras boire la goutte, en lui disant qu'une autrefois tu espères mieux faire.

—Oui, certainement, répliqua Charles

avec un ton menaçant. Voyons, Georges, apprends-moi tout de suite à tirer la carabine et le pistolet ; je veux me battre demain.

— Un moment, Charles, la discipline avant tout ; tu dois attendre les ordres de ton général ; d'ailleurs, tu es aux arrêts, et dans ce cas on est privé du bonheur de se battre. Au reste, nous n'aurons pas trop de huit jours pour apprendre la théorie et le maniement des armes ; ce temps sera bien employé, si tu parviens à connaître tout cela. Allons, commençons. »

CHAPITRE II.

Les Français n'étaient pas restés longtemps à la position de Furster-Munder ; l'aile droite de l'armée d'Helvétie, séparée en plusieurs petits corps pour cette guerre de montagnes, était presque toujours en mouvement, harcelait les Autrichiens dans toutes leurs marches, et en triomphait sur tous les points. Cependant le brave Knopf sacrifiait tous ses instans de repos à démontrer à Charles le maniement des armes et du cheval ; il avait même renoncé aux exemples d'écriture de Bernard, pour n'être point détourné des leçons d'exercice et de manège qu'il ne cessait de recommencer à chaque halte que faisait son régiment. Absous de son espèce de détention près du général en chef, il avait rejoint sa compagnie, après s'être refusé encore une fois à ce que ce dernier le proposât au Ministre de la guerre pour le grade de sous-lieutenant. Saint-Paul, à son tour, entretenait Charles des différentes études qu'il se proposait de lui faire entreprendre, et cherchait en même temps à disposer sa jeune âme à recevoir les impressions de l'héroïsme et de la gloire.

Tous trois étaient réunis à la tête d'un peloton pendant la marche de leur corps, suivis de Germain, auquel Georges avait donné l'un des chevaux qu'il avait pris sur les keiserlichs, et qui était presque insensible aux mouvemens du mors, ce qui condamnait le digne valet à voyager au gré de sa monture. Le Maréchal des logis, qui avait à peine eu le temps d'entretenir son nouveau compagnon, le pria enfin de lui raconter ce qui s'était passé dans le cercle de ses connaissances de Franche-Comté, depuis leur séparation ; ce dont Germain l'instruisit en ces termes :

« Lorsque nous vous eûmes quitté sur la place d'armes de Besançon, nous nous rendîmes, ainsi que nous l'avions résolu, dans la maison appartenant à M. Robert ; nous trouvâmes cette maison très-bien meublée et dans la situation la plus pittoresque qu'on puisse rencontrer à cent lieues à la ronde. Un vieux jardinier et sa femme, qui étaient là de fondation, nous y reçurent à notre arrivée, et nous rendirent compte de l'état de notre fortune, qui était assez modeste, mais cependant suffisante pour le genre de vie retiré que nous nous proposions d'adopter à la campagne. Nous reçûmes bientôt la visite d'un jeune M. de Ligneville, et de son épouse encore plus jeune que lui, formant ensemble le plus drôle de ménage qu'on puisse rencontrer. La jeune dame ayant appris que Mademoiselle de Surville n'était pas baptisée, s'offrit pour marraine, et offrit aussi, faute de mieux, son époux pour parrain de la jeune personne ; après avoir parcouru tout le calendrier *ancien*, ne voulant pas lui donner les noms d'*égalité*, de *liberté* (1), ni beaucoup d'autres noms payens que contient l'almanach révolutionnaire, il fut convenu que Mademoiselle de Surville, qu'elle croit être fille de M. Robert, serait nommée Lucie-Louise-Augustine, et le baptême se fit secrètement le lendemain qu'elle eut pris cette résolution :

----

(1) Plusieurs enfans, à cette époque, furent nommés ainsi.

la cérémonie terminée, comme nous étions tous à table chez M. Robert, c'est moi qui servais, et je puis vous assurer que nous étions fort gais, on vint annoncer la visite d'un M. Lazare, nouveau propriétaire des biens du Comte. M. Robert pâlit, rougit, parut être fort agité, pria Mademoiselle Thérèse de se rendre dans sa chambre, et enfin reçut l'étranger avec une extrême froideur. Les Ligneville parurent extrêmement surpris de cette singulière réception; ils connaissaient déjà ce M. Lazare, mais ils ignoraient comment il se faisait qu'il causât tant d'émotion à M. Robert qui, à ce qu'ils supposaient, ne l'avait jamais vu; pas du tout, c'est que M. Robert connaissait, à ce que j'ai su depuis, des anecdotes toutes particulières sur cet homme; nous savions même, je crois, que déjà il avait l'intention d'engager Mademoiselle Thérèse, qui maintenant s'appelle Augustine, à venir habiter le château de Surville, et à lui confier sa fortune : car vous savez que Mademoiselle Thérèse est presque aussi riche que nous. Le fait est, que ce M. Lazare fit tous ses efforts pour se rendre aimable aux yeux de M. Robert, malgré le froid accueil qu'il recevait; mais qu'il ne put même parvenir à le faire sourire. Voyant qu'on répondait à peine aux nombreuses questions qu'il adressait, et qu'on ne l'engageait point à prendre place parmi les convives, l'étranger se retira en fronçant le sourcil, et d'un air on ne peut plus désappointé. Le repas de baptême arriva néanmoins à sa fin, et après cette visite, Madame de Ligneville seule fit tous les frais de la conversation. On passa ensuite au salon, et au bout d'une demi-heure, comme mon devoir m'y appelait pour préparer la table de jeu, j'entendis, à différentes reprises, la jeune dame dire à M. Robert, pendant que Mademoiselle Thérèse causait à l'écart avec le Curé :

— Il faut faire votre déclaration aux

Magistrats;..... c'est une horreur :.... c'est lui qui l'aura empoisonnée..... Il l'assassinerait.....» Je n'en sus guère plus pour cela, seulement j'appris que mon nouveau patron était allé le lendemain trouver le Maire de notre commune, et qu'il en était revenu fort triste. Le soir, comme j'étais dans l'antichambre du salon, dont la porte était entr'ouverte, j'entendis pourtant, sans le vouloir, la conversation suivante, entre M. Robert et Mademoiselle Thérèse :

— Je vous le répète, Mademoiselle, je ne puis concevoir d'où vient contre vous la haine de cet homme; mais je sais qu'il est l'ennemi acharné du Comte; d'après ce que m'a confié secrètement le Maire de cette commune, c'est un être extrêmement dangereux pour quiconque pourrait lui déplaire ; il est, en ce pays, armé d'un pouvoir mystérieux qui lui donne le droit de tout oser impunément : il a trouvé le secret de se rendre recommandable aux yeux de ceux quï gouvernent ; il est sensé veiller à leur sûreté, et leur intérêt personnel l'emporte sur toute autre considération ; c'est un tigre que les autorités mêmes les plus respectables de ce pays, sont contraintes de caresser pour se dérober à sa fureur. N'espérez donc rien de leur justice; chacun veut sauver ses biens et sa famille des atteintes d'une ligue infâme, et se concentre ainsi avec le sentiment d'un froid égoïsme. La prudence seule peut nous secourir contre les persécutions qui nous menacent. — Hélas ! Monsieur, répondait Mademoiselle Thérèse, je vois bien que je deviendrai la cause de quelque nouveau malheur, si je reste dans votre maison ; il faudra que je vous quitte et que je cherche plus loin, dans ces montagnes, un asile où je puisse vivre ignorée. — Non, Mademoiselle, non, je ne céderai point à de vaines terreurs ; lorsque je puis me reposer sur la pureté de ma conscience, sur l'espoir de voir bientôt de nouvelles circonstances ramener la paix et de sages institutions parmi nous : les bourreaux courent à leur perte, et le sang de leurs victimes retombera sur eux. Voyez sur quels appuis repose leur puissance, pourront-ils compter sur un Lazare, lorsque l'heure de la justice aura sonné ! — Vous daignerez donc me conserver votre protection. — J'ai promis de vous servir de père, je tiendrai ma promesse. »

M. Robert s'aperçut alors que la porte était entr'ouverte, je l'entendis qui se dirigeait sur ce point, et je m'étendis subitement sur une banquette où j'étais assis, feignant de dormir, non paisiblement, car je ronflais ; il ouvrit alors, et je ne sais s'il ne crut pas absolument à mon sommeil ; mais ce qu'il y a de certain, c'est que je n'entendis plus rien, malgré tout le plaisir que j'aurais eu à en apprendre d'avantage. Figurez-vous que dans la maison je suis le seul que l'on ne veuille jamais admettre dans aucune confidence ; cependant personne n'est plus discret que moi : on ne m'entend point répéter ce qui m'est confié, ni même ce que j'apprends par aventure. Eh bien ! ma femme qui sait tout, ne m'en dit pas plus que les autres; lorsque je lui fais quelques questions : « Cela n'est pas votre affaire, M. Germain, les hommes d'aujourd'hui sont comme les femmes d'autrefois : ils jasent trop pour que l'on puisse se confier à eux. Je n'en ai jamais connu que trois bons : M. le Comte, M. Robert, et l'excellent Georges; les autres sont tous coulés dans le même moule, et ne méritent pas la peine qu'on s'en occupe un seul instant. » Eh bien ! voyez - vous M. Georges, ils ont beau faire : un homme d'esprit trouve toujours les moyens de s'instruire de ce qu'il veut connaître.

Je mis donc tout en œuvre pour être enfin au courant des mystères de notre intérieur, je fus continuellement aux aguets des moindres circonstances et des plus petits mouvemens. J'observai surtout que ma femme était devenue la confidente tout intime de mademoiselle Thérèse ; celle-ci ne considérait guère encore madame de Ligneville que pour les distractions qu'elle pouvait apporter dans notre retraite, ou que nous allions chercher dans la sienne, car on finit par se rendre de mutuelles et fréquentes visites ; je remarquai aussi que chaque fois que la jeune Thérèse sortait, elle couvrait sa tête d'un voile, et prenait toujours un costume semblable à celui de madame de Ligneville ; qu'on évitait soigneusement de se diriger du côté du château de Surville ; d'où je conclus, à l'aide de ce que je savais déjà, que l'on craignait de rencontrer ce M. Lazare ; enfin je vis encore, on ne peut plus clairement, que M. Robert sortait souvent avec la charmante marraine de Lucie, qu'il lui parlait avec beaucoup de chaleur, et qu'elle paraissait toute disposée à l'entendre sans l'interrompre. Je vis de plus, au bout de quelques mois, que la jolie demoiselle Thérèse n'était pas très-édifiée des cour ses journalières de sa nouvelle amie avec son cher protecteur ; ma femme, toujours confidente de la jeune personne, était beaucoup plus souvent recherchée par elle ; on avait de longs entretiens dans là partie la plus sombre des bosquets, et quand ces entretiens étaient terminés, mademoiselle Thérèse rentrait avec des yeux rouges, et ma femme avait un air tout contrit. Ces deux dames faisaient chaque matin leur promenade dans le jardin, et venaient, après l'avoir parcouru, se reposer sur un banc placé dans l'endroit du bosquet dont je vous ai déjà parlé. Je m'avisai un beau jour d'aller me percher sur un gros maronnier qui ombragait ce lieu, et là j'attendis paisiblement une bonne heure, malgré une bise très-froide : car c'était vers la seconde automne que nous passions dans ce pays ; j'attendis donc l'arrivée de nos deux causeuses ; elles ne

tardèrent pas long-temps, je les vis bientôt passer sous le maronnier, et continuer leur marche pour rentrer au logis.
Je ne fus pas du tout satisfait de mon
expédition..... aérienne, c'est le mot;
mais je la renouvelai néanmoins plusieurs fois, sans être plus heureux; je
fus alors convaincu que la saison était
déjà trop rigoureuse pour que l'on son-
geât à s'asseoir, et je me résignai à attendre le printemps.

Avant d'arriver à cette époque, je dois
vous rendre compte d'un petit événement assez désagréable qui nous arriva:
les habitans des hameaux qui nous en-
vironnent avaient eu une mauvaise ré-
colte, et ceux d'entre eux qui n'étaient
pas propriétaires, manquaient de pain;
M. Robert avait fait à Besançon une
assez forte provision de grains, et n'a-
vait point cherché à en faire un mystère;
cependant il fut dénoncé comme accapareur; des gendarmes et des officiers
de police arrivèrent dans notre demeure;

les premiers emmenèrent le soi-disant accapareur, tandis que les autres parcoururent la maison du bas en haut et dans tou les sens pour y découvrir les grands magasins qui avaient été déclarés par le dénonciateur. Une foule considérable de paysans des environs fut bientôt réunie à notre porte ; les agens de police, ayant terminé leurs procès-verbaux, voulurent sortir : ils furent bientôt entourés de toutes parts, et menacés par les habitans de ne pas redescendre la montagne s'ils ne leur rendaient leur bienfaiteur, celui qui les avait sauvés vingt fois des horreurs de la famine, celui enfin qui n'avait acheté des grains que pour les distribuer aux pauvres. On avait aperçu de loin ce M. Lazare dirigeant la perquisition vers le clos, et l'on ajouta que si l'on faisait le moindre mal à M. Robert, celui-là aussi le paierait de sa tête ; le Maire du pays, qui était un assez brave homme, engagea les paysans à se calmer, promit, au nom des officiers de police, qu'on ferait justice à celui dont ils rendaient de si bons témoignages. Les agens eux-mêmes ayant donné l'assurance qu'ils le reverraient bientôt, obtinrent enfin la permission de se retirer. Nous apprîmes le lendemain que ce M. Lazare avait disparu, et, deux jours après, qu'il avait écrit une lettre aux magistrats de Besançon, dans laquelle il déclarait avoir été abusé sur les intentions et la conduite de l'accusé Robert. Voici comment il fut contraint à cette démarche : plusieurs paysans l'ayant rencontré, le même jour de la visite domiciliaire, à quelque distance de son château, avec une espèce de valet qui l'accompagne toujours, s'étaient emparé de l'un et l'autre individu, les avaient conduits dans une caverne éloignée de toute habitation, et là avaient assuré M. Lazare qu'il subirait le même sort que celui qu'il venait de faire arrêter. Il voulut d'abord se justifier de l'accusation portée contre lui, menacer de tirer vengeance de l'outrage qu'il recevait ; mais les Francs-Comtois ne sont pas hommes à se laisser tromper facilement, ni à s'intimider de vaines menaces ; ses gardiens lui rirent au nez, et ajoutèrent à son désespoir en l'assurant que, puisque celui qui leur donnait du pain n'était plus parmi eux, il aurait aussi le plaisir d'attendre son retour pour aller se mettre à table. Enfin il eut recours à la prière, promit des récompenses, offrit une bourse pleine d'argent, un portefeuille rempli d'assignats, et, voyant que rien ne pouvait tenter ses gardes, finit par avouer sa délation, et par écrire la lettre dont je vous ai parlé. Mais si vous aviez vu, mon cher M. Georges, quelle désolation dans notre famille ! comme cette pauvre demoiselle Thérèse pleurait ! comme elle se désespérait ! comme elle eut des attaques de nerfs pendant deux jours, et comme elle fut malade ensuite pendant près de deux mois ! Ma chère épouse était dans un accès de colère qui la rendait inabordable ; le jardinier et sa femme étaient devenus fous ; la vieille cuisinière, ne se servant plus de ses casseroles, les laissait ronger au vert-de-gris, et Lucie criait ; j'avais beau leur dire que je leur restais moi, que j'aurais soin d'eux, que je les protégerais, que je savais tout aussi bien que M. Robert la manière d'administrer une maison, etc., etc., etc. Eh bien ! savez-vous l'effet que produisaient mes discours ? ma femme, qui l'aurait jamais pensé ! ma femme, qui un jour m'écoutait depuis un quart d'heure, et, contre son habitude, avec la plus grande tranquillité, me donna un grand soufflet, et courut s'enfermer avec mademoiselle Thérèse..... Oh ! cela me fit un mal !..... jugez, c'était le premier ! car, malgré son caractère un peu acariâtre, elle n'en est pas moins une très-bonne créature, et jamais elle ne s'était permis de lever un doigt sur ma personne; mais passons sur cet incident, et revenons au fait.

Après huit jours de détention, M. Robert rentra chez lui, et son retour fut un triomphe. Tous les habitans des environs vinrent chanter des chansons autour de notre clos; le Curé dit une messe dans la petite ferme qu'il occupait, en actions de grâces de cette heureuse délivrance; madame de Ligneville, qui plusieurs fois était venue nous voir pendant ce temps, et qui, à ce que nous avons appris, avait été l'auteur de l'enlèvement de M. Lazare par les montagnons, fut encore à la tête de ceux qui vinrent fêter notre chef de maison; mais la pauvre demoiselle Thérèse ne pouvait prendre part à l'ivresse générale: le passage subit de la tristesse à la joie avait augmenté la fièvre dont elle était atteinte depuis plusieurs jours, et, ainsi que je vous l'ai déjà dit, pendant près de deux mois on désespéra de sa vie. Je me souviens même qu'une fois, pendant que j'allumais du feu dans sa chambre, elle eut un accès de délire, et qu'elle s'écriait : « Ce n'est pas moi,... c'est elle qui l'a délivré ;.... c'est elle qu'il aime..... Il m'abandonne,....laissez-moi mourir.....» Ma femme, toujours prévenante à son ordinaire, me fit sortir de l'apparte-ment, et je ne pus en entendre davan-tage. J'en conclus encore que mademoi-selle Thérèse avait un cœur, que ce cœur parlait en faveur de M. Robert, qu'elle était jalouse de madame de Ligneville, et qu'elle ne supporterait plus la vie si elle était jamais abandonnée par son amant. Pourtant vous verrez, par ce que j'ai encore à vous raconter, que ce der-nier était loin de se douter de l'intérêt tendre qu'il inspirait à sa jeune protégée. Assurément on ne peut pas refuser un certain esprit à M. Robert ; mais en vé-rité il n'est ni fin ni adroit, et quand on veut lui faire entendre de ces choses qu'on ne peut dire ouvertement, il sem-ble qu'on lui parle hébreu ; il faut abso-lument, pour se faire comprendre, lui mettre la main dessus. Mais je m'écarte encore du fond de l'histoire, il faut y revenir : M. Robert était rentré chez lui, comme j'ai eu l'avantage de vous le dire; M. Lazare reparut aussi dans le pays, mais plein des idées de vengeance que sa détention dans les rochers lui avait fait concevoir; pourtant les montagnons lui avaient fait de telles menaces, dans le cas où il chercherait à prendre sa revanche, que, pour arriver à son but, il crut devoir cacher ses intentions sous une apparence de repentir. Il s'en alla donc trouver la famille de Ligneville, pria Madame de le justifier près de nous, s'excusant sur des avis trompeurs qu'il avait reçus, et qui lui avaient montré M. Lambert, ou Robert, comme son mortel ennemi; la jeune dame ne voulut point se charger du rôle de..... médiatrice, c'est ainsi qu'elle l'a dit elle-même, et conseilla à M. Lazare d'attendre du temps, de sa conduite future, qu'une heureuse intelligence puisse s'établir entre ses voisins et lui; vous sentez qu'il

fut loin d'être satisfait d'une semblable
réponse; il voyait par-là qu'on avait dé-
voilé son caractère, et c'était, sans doute,
la chose dont il était le moins flatté. J'i-
gnorais tous ces détails, pourtant, lorsqu'un jour je rencontrai cet homme à
quelque distance de notre maison, près
d'une chaumière où j'étais allé porter un
petit sac de gaude (1), de la part de mademoiselle Thérèse, qui commençait
alors à se rétablir. On m'avait bien dit
de me défier des insinuations et des
questions de M. Lazare; mais je n'étais
pas fâché de savoir quelles étaient celles
qu'il pouvait me faire : je lui donnai donc
un grand coup de chapeau en passant ;
sa figure, d'abord refrognée, devint
tout à coup riante, et, comme je l'a-
vais déjà dépassé de quelques pas, il me
rappela d'une voix tout-à-fait douce-
reuse. « Monsieur, excusez si je vous

---

(1) Farine de maïs, principale nourriture des
villageois de ce pays.

arrête un instant, vous êtes peut-être pressé? — Moi, Monsieur! pas du tout; qu'y a-t-il pour votre service? — N'êtes-vous pas chez M. Lambert? — C'est-à-dire, Monsieur, que j'habite sa maison. — Vous n'êtes donc pas son domestique? — Pour être domestique de quelqu'un, il faudrait, lui répondis-je, avoir au moins demandé cet emploi, c'est ce que je n'ai jamais fait : je suis le mari de la nourrice de mademoiselle Lucie; cependant on me donne quatre cents francs par an, pour quelques bons offices que je remplis dans la maison.—Je vois que vous êtes plutôt l'ami de M. Lambert que son serviteur.—C'est selon : M. Lambert est parfois un peu fier, et cela ne me convient pas. Autrement nous serions comme *Hercule* et *Patrocle, deux Romains* célèbres par leur amitié. — En vérité! reprit M. Lazare, il me semble pourtant qu'un homme de votre sorte mérite bien qu'on s'humanise avec lui. — Vous êtes bien bon. — Si je pouvais trouver un ami tel que vous, je voudrais que tout nous fût commun : table, plaisirs, fortune. — Vous êtes trop indulgent. — Non, vous avez quelque chose dans la physionomie qui indique de l'esprit, des connaissances, une profonde érudition. — Il est vrai que j'ai fait des études. — Voyez-vous ! j'en étais sûr. Ah ! de quel avantage seraient pour moi les conseils d'un homme comme vous!..... Quel dommage que vous soyez si fortement attaché à M. Lambert ! combien j'aurais de plaisir à vous voir loger au château, dans un des plus beaux appartemens ; de vous donner à votre choix les meilleurs chevaux de mon écurie ; enfin, de partager avec vous une opulence dont vraiment je ne puis faire aucun cas dans l'isolement où je me trouve.— Ma foi, Monsieur, lui répondis-je, je ne tiens pas à M. Lambert autant que vous pourriez le penser, et vous me montrez de si belles intentions..... — Est-il possible ! reprit-il avec vivacité ; quoi ! vous consentiriez à partager ma solitude? — Volontiers, dis-je enfin, touchant dans sa main qu'il me présentait. Je crois bien cependant, ajoutai-je, que ma femme ne voudra pas me suivre; mais ça m'est égal, elle n'est plus guère pour moi qu'une ancienne connaissance.... — Et nous en ferons de nouvelles, reprit M. Lazare; pour commencer, vous devriez tâcher de nous amener mademoiselle Augustine (Thérèse). — Ah! ceci serait un peu difficile, répliquai-je; je crois qu'elle aime M. Lambert. — Bath! elle en aimerait bientôt un autre, ajouta-t-il, et avec un physique comme le vôtre, on ne doit pas craindre de rencontrer des cruelles ; vous pourrez d'ailleurs divorcer avec votre *vieille connaissance*, et offrir à celle-ci de l'épouser. »

J'avoue que je ne fus pas indifférent aux idées qui m'étaient suggérées par M. Lazare; cependant il s'agissait d'enlever cette pauvre demoiselle Thérèse, et, quoique ma fortune et mon bonheur futur dépendissent de cet événement, j'hésitais encore. Mon nouveau protecteur voyant mon embarras, me dit alors qu'il voulait me donner la première preuve de l'amitié qui devait désormais exister entre nous : qu'il ne s'agissait, de ma part, que de lui indiquer un moment favorable, et qu'il se chargerait de l'enlèvement. J'y consentis, et, après que nous fûmes convenus de la manière et du lieu où nous pourrions nous revoir jusqu'à notre réunion définitive, nous nous séparâmes les meilleurs amis du monde.

Deux mois encore se passèrent dans cette attente, je voyais souvent mon nouvel ami, mais mademoiselle Thérèse ne sortait jamais de l'intérieur du clos, et ce lieu ne convenait pas à l'exécution de notre projet. Nous étions arrivés aux plus beaux jours du printemps, les promenades matinales de la jeune personne et de ma chère compagne, venaient de recommencer; je me ressouvins alors du maronnier sous lequel elles avaient l'habitude de se reposer, et j'allai un jour me percher sur cet arbre. Avant de vous raconter ce qui s'ensuivit, je dois vous dire que M. Lazare m'avait plusieurs fois témoigné le désir de voir l'intérieur du clos de M. Lambert, et que j'avais trouvé l'occasion de lui procurer la clef d'une petite porte qui donnait sur la campagne. J'avais eu soin de lui recommander de ne point s'approcher de la maison, de profiter du moment où les jardiniers seraient au marché, avant l'heure où nos dames allaient respirer le frais, et d'ôter la clef de cette porte lorsqu'il serait entré, enfin de s'excuser sur ce qu'il l'avait trouvée ouverte, dans le cas où il serait aperçu de quelqu'un de la maison. Je reviens à mon maronnier. J'étais donc depuis une demi-heure perché, ainsi que j'ai eu l'honneur de vous le dire, et j'attendais encore ces dames, lorsque je vis entrer dans le clos, M. Lazare, et M. Féraro son compagnon ; ils étaient en plaudes de rouliers. Ayant laissé la porte ouverte, tous deux se dirigèrent vers les bosquets, et arrivèrent bientôt sous l'arbre dont les feuilles me dérobaient à leurs yeux.

« Voici, dit le premier, l'endroit où elles étaient hier, et sans doute elles y reviendront aujourd'hui. Observe bien la plus jeune, si mes pressentimens ne me trompent pas, tu la reconnaîtras pour Thérèse Delval. — Je suis certain de ne pas m'y tromper, reprit le second ; mais alors que faudra-t-il faire ? — saisir une occasion favorable..... Mon dessein est de la conduire au château ; là , je lui ferai connaître son père, et la forcerai à lui confier sa fortune ; tu sais que j'ai des dettes , il faut qu'elles soient acquittées , si je veux conserver les biens de Surville ; ces cinquante mille francs me viendront fort à propos : Lazare doit achever ce que Delval n'a pu finir. —

J'espère, Signor, qu'après cela nous serons tranquilles pour quelque temps. — Oui, sans doute; je veux pourtant savoir encore quel est positivement ce M. Lambert, d'où vient l'intérêt qu'il prend à cette jeune fille, et quels étaient les motifs de sa haine contre moi, avant son arrestation; dans tous les cas, je dois me venger sur lui de l'affront que j'ai reçu de ces vils paysans, et c'est déjà quelque chose que de lui enlever sa maîtresse. Ce maraud de Germain servira divinement nos projets, en quittant la maison de son maître pour les charmes de cette belle, ce drôle fera retomber tous les soupçons sur lui. J'attends aussi de sa niaiserie tous les éclaircissemens qui me sont nécessaires. Mais s'il me manquait de parole, ajouta-t-il, en montrant un poignard,....... tu m'entends. — Ne voyez-vous pas, Signor, deux femmes qui se dirigent vers la petite porte? — Oui, l'une d'elle court pour la fermer; alerte! le moment est convenable. »

Je vous assure que j'étais plus mort que vif de frayeur, et que je me vis près de tomber sans connaissance sur la tête de Lazare ; je fis pourtant des efforts pour me rattraper aux branches ; mais, à l'instant où je crus pouvoir descendre sans danger, j'entendis des cris vers la petite porte ; je m'élançai de ce côté, et je vis les deux scélérats fuir dans la campagne, devant madame de Ligneville qui, armée de son petit fusil, les tenait en joue. Thérèse, hors du clos, était étendue sur la terre ; ma femme cherchait à la secourir, je courus aussi pour lui donner mes soins, et, après que je lui eus versé plein mon chapeau d'eau fraîche sur la figure, elle reprit le sentiment de la vie ; mais elle paraissait avoir perdu la raison. Nous nous empressâmes de rentrer dans le jardin où bientôt nous fûmes joint par M. Robert qui était accouru de la maison aux premiers cris de la jeune Thérèse.

CHAPITRE III.

Lazare, comme vous le voyez, M. Georges, voulait profiter de son déguisement et du moment favorable qui amenait Thérèse seule près de la petite porte, pour exécuter le dessein qu'il avait conçu depuis long-temps de conduire cette demoiselle à son château. Ayant été saisie à l'instant où, éloignée de ma femme distraite, elle cherchait à fermer l'issue dont nos scélérats possédaient la clef, soudain entraînée hors du clos, la frayeur lui avait ôté jusqu'à la faculté d'appeler à son secours; madame Germain vit sortir le dernier des deux hommes, et se mit aussitôt à appeler sa compagne; n'ayant pas reçu de réponse, elle fit entendre des cris perçans qui parvinrent jusqu'à madame de Ligneville qui se trouvait aux environs de notre habitation où elle venait quelquefois

tuer des moineaux et prendre son lait.
Aussi légère qu'une biche, elle accourut,
à la voix de ma chère moitié; au moment où Lazare refermait la porte du
clos, en dedans duquel madame Germain, étant restée seule, criait à tue-tête
qu'on lui rendît Thérèse. Armée de
son petit fusil, elle mit en joue Féraro
qui déjà emportait la jeune fille sans
connaissance, le força d'abandonner sa
proie et de fuir; revint ensuite à Lazare
qui, loin de faire résistance, ayant laissé
la clef à la porte, ne songea plus qu'à dérober sa figure aux yeux pénétrans de la
jolie amazone. Cette dame pourtant voulant lui prouver qu'elle l'avait reconnu,
lui cria qu'elle chargerait les montagnons
de venger Augustine de cette affreuse
tentative.

J'arrivai là comme madame de Ligueville venait d'ouvrir la petite porte à
ma femme pour qu'elle l'aidât à secourir Thérèse, et au moment où, ayant remis en joue les ravisseurs en fuite, elle

leur envoyait au hasard le plomb que contenait son arme.

M. Robert parut presqu'en même temps; je vous ai déjà dit que la jeune demoiselle, en revenant à la vie, semblait avoir perdu la raison : effectivement, ses yeux égarés, ses phrases sans suite, l'agitation de ses muscles et de sa physionomie, tout annonçait en elle une démence totale. « C'est l'assassin de ma mère ! s'écriait-elle, les yeux fixés sur un seul point;.... ils veulent encore me priver de tout ce qui m'est cher..... Ils en veulent à Gustave;..,. arrêtez,... misérables,... vous me tuez... »

On s'empressa de la conduire dans son appartement; elle fut saisie d'un nouvel accès de fièvre, et, pendant un mois encore, on trembla pour ses jours.

Je ne savais moi-même que résoudre d'après la scène dont je venais d'être le témoin. J'avais toujours devant les yeux ce maudit poignard qui devait m'atteindre si je manquais à la parole que j'avais donnée, de quitter M. Robert pour ce diable de Lazare; d'un autre côté, je ne doutais plus que les belles promesses qu'il m'avait faites, ne fussent autant de contes qui ne devaient avoir aucun des avantages que j'en avais espéré. Je n'osais confier à personne l'état de perplexité où m'avait réduit ma curiosité; cependant il faudrait continuer à faire des courses au loin dans les montagnes, lorsqu'on me l'ordonnerait, il était impossible que je n'y fusse pas rencontré par Lazare ou Féraro, et le poignard était toujours là. Ne sachant plus où donner de la tête, je me décidai à faire tout mon possible pour regagner l'affection de madame Germain, avec laquelle j'étais assez mal depuis quelque temps, afin de me confier ensuite à sa générosité; je recommençai donc à faire l'amoureux; je lui glissai de petits cadeaux, je lui offris de jolis bouquets, et, tous les matins, je lui apportais son café dans son lit. Elle fut on ne peut plus surprise de mon changement, et j'eus moi-même à me féliciter de sa nouvelle manière d'être à mon égard.....

— Passez là - dessus , interrompit Georges, ces choses-là ne me regardent pas.

— Pardonnez-moi, cela est utile à l'intelligence de l'histoire générale, continua Germain : nous étions donc au mieux ensemble, lorsqu'un jour Julienne vint m'apporter un billet qu'une vieille femme inconnue venait de lui remettre, conçu dans ces termes :

« M. Germain n'a point paru depuis huit jours dans les environs du petit bois ; a-t-il oublié sa promesse ? faudra-t-il le forcer à s'en rappeler ? » Ce billet était sans signature ; ma femme, qui s'aperçut de mon trouble, voulut connaître le contenu de cette missive, et comme je refusais de le lui montrer, elle se mit si fort en colère que je ne crus pas le moment assez propice pour lui faire ma confidence. Claudin vint alors me dire qu'on attendait une réponse. Je sortis pour aller la donner de vive voix; mais ma femme me devança bientôt près de la vieille, qui attendait dans la cour, et, l'abordant alors avec une politesse presque colérique, elle lui demanda de quelle part elle venait. « C'est à M. Germain que j'ai affaire, et non à vous, répondit la vieille, en se détournant et se couvrant la tête du capuchon de sa mantille. — Un moment, ma bonne dame, répartit ma moitié, en rabattant son capuce, je crois, Dieu me pardonne, que nous avons un vieux compte à régler ensemble; c'est bien vous, je crois, qui m'avez fait l'honneur de me si bien recevoir chez l'oncle de mademoiselle Delval? vous allez apprendre ce que c'est qu'une *dévergondée*, (épithète dont mon épouse, jadis, s'était entendue gratifier par ladite vieille) mais, avant que je détache ces deux chiens pour vous faire reconduire, expliquez-nous un peu comment il se fait que vous ayez à vous entretenir avec mon mari, et qui vous emploie à sa correspondance ? »

Claudin et Julienne étaient là, je tremblais que la vieille ne s'expliquât devant eux ; je priai ma femme de ne lui faire aucune question, l'assurant que j'allais lui tout dévoiler.

« Non , non , me répondit-elle , je n'aurai pas toujours une si bonne occasion d'en punir deux à la fois ; voyons, parlez, ma bonne dame , ou je vais me donner le plaisir de vous faire happer par Cartouche et Dragon , qui grillent d'impatience d'aiguiser leurs dents.

— Mais , dit la vieille , en tremblant de tous ses membres, si M. Germain y consent, je ne demande pas mieux de vous satisfaire. — Au nom du ciel ! dis-je alors, en me penchant vers l'oreille de madame Germain , ne la faites pas s'expliquer, autrement nous sommes tous deux perdus, déshonorés , chassés de cette maison, livrés au pouvoir de Lazare. »

Ma femme parut interdite à son tour ; l'accent d'effroi que j'avais mis à prononcer ces dernières paroles, l'avait..... stupéfaite. Un instant de silence ayant suivi la confidence que je venais de lui faire, la vieille eut le temps de se remettre, et d'observer le changement qui venait de s'opérer dans la physionomie de son antagoniste ; elle reprit soudain un air d'assurance, et dit, avec un sourire sardonique, que si l'on voulait même, elle allait dire tout ce qu'elle savait, assez haut pour que M. Robert pût l'entendre de son appartement ; je frémis à cette menace, ma femme s'en aperçut, et ne douta plus de ma..... culpabilité.

« Va, méchante créature, dit-elle, outrée de colère, à la vieille décrépite, je vois bien que quelque chose d'infernal existe entre vous, mais retire-toi promptement et ne reparais jamais ici. Dans tous les cas nous aurons recours à la justice, et si tous les hommes d'aujourd'hui ne sont pas des scélérats, nous serons vengés. — Vous ferez bien, répliqua la vieille, dénoncez les coupables pour faire punir leurs complices, cela vous débarassera de votre mari; quoi qu'il en soit, qu'il tremble. »

Après ces mots elle sortit précipitamment de la cour. Ma femme ne put renoncer entièrement au projet qu'elle avait humainement formé, elle détacha l'un des chiens et le lança à ses trousses; le dogue la poursuivit, s'attacha particulièrement au derrière de sa jupe d'indienne chamarrée, qu'il mit en pièces, et ne revint qu'après avoir traîné la malheureuse à terre comme pour nous la ramener, et d'après les ordres répétés de Claudin qui le remit à la chaîne. La vieille resta un instant étendue sans mouvement, ce qui me fit frissonner; mais enfin elle se releva, et, après nous avoir menacés de ses deux poings décharnés, elle s'éloigna.

Robert, attiré par ce bruit, vint s'informer de ce qui se passait; ma femme, un peu déconcertée, lui dit qu'elle venait de mettre dehors une femme qui cherchait à corrompre ses gens, pour les entraîner aux gages de M. Lazare, que l'un des chiens se trouvant détaché, s'était élancé sur elle avant qu'on eût le temps de le retenir, et qu'enfin tout le mal se bornait à la perte d'un déshabillé pour celle qui avait voulu nous faire perdre l'honneur. M. Robert néanmoins parut contrarié des suites de notre prétendue négligence, et se retira après nous avoir fait une légère morale. Madame Germain me prit alors par le bras, et m'invita, avec sa politesse ordinaire, à vouloir bien me rendre sur-le-champ dans notre appartement; je la suivis avec l'air d'un criminel que l'on conduit au supplice, et là, après avoir refermé la porte à double tour, elle commença ainsi le second acte de cette comédie:

« Asseyez-vous, M. Germain, vous

avez sans doute une longue histoire à me raconter? il faut vous mettre à votre aise. » On voyait, à la décomposition de sa figure, qu'elle cherchait à..... comprimer la violence de sa colère; mais qu'elle n'y parvenait qu'avec les plus grands efforts sur elle-même. Je pris la chaise qu'elle me présentait, elle en saisit une seconde, se plaça à quelque distance, en face de moi; réunissant ensuite ses mains devant elle, et tournant ses deux pouces l'un autour de l'autre avec rapidité, elle me demanda si je voulais bien commencer. Vous figurez-vous, mon brave M. Georges, qu'elle était la délicatesse de ma situation? il faut d'abord vous persuader que ma femme seule pouvait obtenir, par la confiance dont elle jouissait dans la maison, qu'on ne m'envoyât plus au dehors, ce qui devait me garantir de ce maudit poignard. J'espérais qu'elle m'aiderait encore à faire un conte à notre chef de maison; celui-ci, qui naturellement allait frémir à la seule idée de me perdre, aurait consenti à toutes les mesures de sûreté qu'on eût voulu prendre en ma faveur. Rien n'était plus simple, et voilà sur quoi je comptais. D'un autre côté je me mettais entièrement sous la dépendance de mon épouse, et je ne pouvais guères espérer qu'elle devint plus douce à mon égard après la confidence que j'allais lui faire. Toutefois, n'ayant d'autre alternative, je résolus, en avouant à ma femme ce que je ne pouvais taire, de lui cacher une partie de la vérité; comme je voyais que le sang commençait à lui monter au visage, je ne la fis pas attendre plus long-temps.

Je lui racontai mon entrevue avec Lazare, les offres brillantes qu'il m'avait faites; j'ajoutai que j'avais feint d'y être sensible pour gagner sa confiance, et m'assurer de ses projets; que mon dessein avait été, aussitôt que je serais mieux instruit, de tout déclarer à M.

Robert, etc. Malheureusement j'avais précisé l'époque de cette première entrevue, et cela datait de loin ; madame Germain me pressa de cent questions différentes, je m'embrouillai dans mes réponses, elle sut profiter de mon trouble, et me conduisit, sans que je m'en aperçusse, à lui avouer jusqu'au moyen que j'avais fourni à Lazare pour entrer dans le clos, ainsi que la station que j'avais faite sur le gros maronnier. Il est impossible de vous faire une idée de la fureur à laquelle elle se livra quand elle fut instruite de tous ces détails ! Mes..... réticences l'avaient surtout persuadée que j'étais encore plus coupable qu'on ne pouvait le croire d'après mes aveux ; elle me menaça de tout révéler à son maître et à mademoiselle Delval, de m'abandonner à mon sort et à la justice des magistrats ; elle m'accabla des noms les plus injurieux, me défendit de lui donner jamais celui de madame Germain, et, sortit, enflammée de courroux, me laissant livré à mes craintes et aux plus douloureuses réflexions.

Je passai environ deux heures dans un accablement que je ne saurais vous exprimer, et j'étais encore sur ma chaise, dans la même posture où mon épouse m'avait laissé, il est vrai que j'avais fini par m'endormir, lorsque tout à coup je me sentis frapper rudement sur l'épaule; c'était elle qui revenait, accompagnée de M. Morel, le curé : Madame Germain paraissait cependant un peu plus calme; toutefois me parlant avec la sévérité d'un juge envers un criminel, elle m'ordonna de me confesser, et de tâcher d'obtenir la rémission de mes fautes, m'engageant particulièrement à n'omettre ni la déclaration des mensonges que j'aurais pu lui faire, ni l'aveu du peu d'égards que j'avais pour elle, depuis les premiers mois de notre sainte union; pourtant elle m'assura qu'elle ne serait pas plus sévère que le Curé, et que, lorsqu'il m'aurait jugé digne de rentrer en grâce, ce qui, selon elle, ne devait pas arriver de sitôt, elle pourrait consentir à me faire espérer mon pardon. Après cette mercuriale, elle nous quitta, et M. Morel commença ainsi le petit dialogue qui devait précéder celui du tribunal de la pénitence :

« Vous avez donc besoin de mon ministère, M. Germain. — Cela paraît certain, M. le Curé, d'après ce que vous a dit ma femme.... — Elle ne m'a rien dit de positif à cet égard, seulement elle m'a fait entendre qu'il serait possible qu'on voulût vous entraîner dans quelque fausse démarche, et que mes conseils pourraient vous être utiles ; mais je doute que vous puissiez jamais commettre des fautes bien sérieuses avec votre esprit et vos connaissances. Le bien ne peut que rarement naître du mal ; le défaut de jugement est donc ce que nous avons le plus à craindre. Cependant les meilleures âmes peuvent s'égarer, lorsque surtout le péché s'offre à nous sous des formes qui nous séduisent. Plus on a d'esprit alors, plus on trouve de motifs pour justifier son erreur ; le temps seul nous montre notre ignorance : on s'aperçoit enfin que ce qu'on prenait d'abord pour du jugement, n'était que l'effet de raisonnemens captieux, inspirés par notre orgueil; mais il n'est plus temps de revenir sur les causes, et l'on reçoit déjà, dans ce monde, la punition de son indomptable et folle vanité. Heureux encore celui qui, profitant de ses premières disgrâces, s'en fait une leçon pour l'avenir ! plus heureux celui qui, modeste dans l'opinion qu'il doit avoir de ses forces, vient puiser dans les secours de la religion, l'énergie qui peut le garantir d'une nouvelle chute ! »

Le bon curé m'exhorta après cet..... exorde, je crois que c'est le mot, de lui confier ce qui pouvait charger ma conscience, me promettant de m'aider à trouver les moyens de réparer les fautes que j'aurais pu commettre. J'avoue que son air de bonté, sa douceur, et d'ailleurs un certain repentir de ma sottise, me décidèrent à lui faire l'aveu sincère de tout ce qui s'était passé entre moi et ce Lazare; je lui avouai même que j'avais été positivement séduit par ses offres et par l'espoir de changer ma femme contre une meilleure. Il fut loin d'être édifié de tout cela, comme vous le pensez bien, pourtant il m'assura que ma conduite future pourrait encore réparer le mal, ou, ce qui était pour lui la même chose, l'intention du mal dont je m'accusais sans détour. Il me donna ensuite quelques conseils, tendant à ramener la bonne intelligence dans mon ménage, m'exalta les vertus de madame Germain, censura mon insouciance, ou mon indifférence à son égard, me promit qu'il l'inviterait elle-même à me traiter avec plus de douceur, m'indiqua plusieurs prières que je devais prononcer pendant le jour, m'engagea, ainsi que je le désirais, à ne point quitter le logis, à me défier des mauvaises intentions du diable Lazare, et me quitta en m'assurant qu'il viendrait souvent me revoir.

Aussitôt qu'il fut sorti, je me mis à réciter avec ferveur, je puis le dire, les oraisons marquées par lui dans de *petites heures* qu'il m'avait laissées ; j'avais déjà passé le quart d'un jour dans ce pieux exercice, et je m'en occupais encore, lorsque je vis rentrer madame Germain ; elle avait l'air très-calme, et, pour la première fois depuis notre départ de Paris, elle m'aborda sans humeur. Je vis que le curé avait déjà rempli l'une de ses promesses, et je voulus, de mon côté, satisfaire également aux obligations que j'avais contractées : je m'approchai donc de ma chère moitié, et passai l'un de mes bras autour de sa taille...... Elle ne parut point offensée de cette liberté..... J'avais un air contrit, repentant ; elle me fixa avec un air de reproche, et pourtant bienveillant, enfin......

« C'est bon, c'est bon, M. Germain, interrompit Georges avec un peu d'humeur, je vous ai déjà dit que je ne voulais point connaître les secrets de votre ménage.

— Ainsi soit-il, continua le valet de chambre, au reste il n'y a pas de quoi se vanter; pourtant je promis à mon épouse d'être beaucoup mieux à l'avenir que je n'avais été jusqu'alors ; après quoi, m'ayant assuré qu'elle n'avait rien révélé, aux habitans du clos, de toutes mes inconséquences, elle m'engagea d'aller reprendre mes occupations ordinaires, et nous descendîmes ensemble d'assez bonne intelligence, ce qui causa dans la maison une surprise générale.

Je sus plus tard qu'on avait dit à M. Robert, que j'étais menacé d'être maltraité par les agens de M. Lazare, pour n'avoir pas voulu les seconder dans leurs mauvais desseins, or, l'on avait obtenu que je serais continuel gardien de notre demeure. Je fus, pendant une huitaine, tous les jours visité par le bon curé, qui probablement voyait aussi madame Germain, car son caractère changeait sensiblement durant les visites de ce cher Pasteur. Mais ses visites devinrent moins fréquentes, Madame s'échapait de temps à autre : enfin, elle prit un tout autre système pour me tourmenter : elle venait me raconter qu'on voyait chaque jour, aux environs du clos, des gens de mauvaise mine, qui paraissaient guetter l'instant où je sortirais de la maison, pour s'emparer de ma personne, ou pour me poignarder; au point que je n'osai même descendre dans le jardin; elle me plaisantait ensuite sur mes terreurs, et me rappelait qu'autrefois je lui avais dit que, grâce à la révolution, j'aurais pu devenir général d'armée; enfin, moins colérique, elle devint à mon égard de la plus froide indifférence...... Mais j'oublie encore que vous ne voulez pas qu'on vous parle des secrets de ménage.

— C'est égal, c'est égal, observa Georges en souriant; puisque vous avez commencé, ne vous gênez pas.

— Elle devint donc, comme je vous le disais, d'une indifférence glaciale, et, depuis ce temps, je n'ai pas reçu d'elle le plus petit reproche.

Je dois vous dire que je passai environ dix-huit mois dans une ignorance complète de tout ce qui se passait au delà de notre intérieur, outre cela, on continuait à me faire un mystère des moindres choses; je ne pouvais même saisir un seul mot de ce qui se disait à table, car on gardait le plus grand silence tant que j'étais dans la salle à manger, ou bien on parlait un langage de convention que je ne pouvais comprendre.

Mademoiselle Thérèse était devenue on ne peut plus mélancolique, et ne s'entretenait que rarement avec M. Robert; outre madame de Ligneville, dont nous recevions toujours de fréquentes

visites, le Maire et le Curé venaient souvent nous voir. Un jour que toutes nos
connaissances étaient réunies à dîner
dans notre maison, j'obtins que le garçon jardinier de Claudin viendrait
m'aider à servir. Nicolas, c'est son nom,
aime assez la bouteille; lorsque nous
eûmes terminé notre besogne, et pendant que nos hôtes s'entretenaient au salon, je l'engageai à venir vider avec moi,
dans ma chambre, une bouteille de vin
des Arçures, et une autre de l'Étoile (1),
que j'avais oublié d'offrir à table. Il y
consentit sans peine, et nous nous vîmes
l'instant d'après tous deux le verre à la
main. Nicolas fut bientôt d'une gaîté à
causer un peu plus que de coutume,
et, me considérant tout à coup avec un
air d'intérêt :

« En vérité, M. Germain, me dit-il,
j'suis fâché d'voir qu'on s'gausse d'un

____

(1) Vin de Franche-Comté.

brave homme comme vous, et qu'on l'force à vivre comme un hermite, tandis qu'i' pourrait courir les champs tout comme les autres, sans risque ni danger. » J'appris alors qu'on avait recommandé à tous les gens de la maison de m'entretenir dans l'idée que M. Lazare était sans cesse à ma poursuite; mais que celui-ci, quinze jours après la tentative d'enlèvement, s'étant aperçu que les montagnons cherchaient de nouveau à lui faire un mauvais parti, avait quitté son château, et qu'on ne l'avait plus revu depuis cette époque. Je ne vous dirai pas combien j'eus de joie d'entendre ces détails; j'embrassai trois ou quatre fois Nicolas, je lui versai, coup sur coup, ce qui restait dans les bouteilles, et je fus obligé de le reconduire et de le soutenir jusqu'à sa loge. Je dissimulai néanmoins le plaisir que j'éprouvais; les jours suivans je commençai à parcourir le clos d'un bout à l'autre; ma femme en fut surprise, voulut renouveler mes

4*

craintes, mais j'étais devenu brave, et, ne sachant qu'en penser, elle craignit un instant que je ne fusse atteint d'une fièvre chaude, ou dans la disposition de devenir général.

Je n'étais point encore sorti de la maison; cependant un matin, en arrangeant l'habit de M. Robert, car j'avais souvent cette complaisance pour lui, je trouvai dans sa poche un petit billet que je lui avais vu recevoir la veille, dans un moment où il causait avec mademoiselle Thérèse et madame Germain, billet qui lui avait été remis par un valet de madame de Ligneville. J'avais observé que ces dames s'étaient lancé, en ce moment, un regard d'intelligence, et avaient quitté ensuite M. Robert de l'air le plus peiné. Je n'étais pas fâché de connaître le style de la jeune dame, et voici ce que je lus : «Si » vous le pouvez, mon cher M. Gustave, » trouvez-vous demain, à trois heures » après-midi, vers la grande source des

» rochers : j'ai d'abord une confidence à
» vous faire, et à vous conduire ensuite
» chez un malade que nous devons faire
» soigner de compagnie, *tâchez de le*
» *pouvoir*. Votre amie Sylvérine. »

« Cela n'est pas joli, » me dit ma
chère moitié qui se trouva derrière moi
comme j'achevais cette lecture, et dont
la brusque apparition faillit me faire
perdre connaissance. Je m'excusai, le
mieux qu'il me fut possible, de mon indiscrétion; mais il fallut, pour obtenir
grâce entière, lui communiquer le contenu du billet, ce que je fis, après quoi
nous nous quittâmes encore bons amis.

Voyons, me dis-je après mes occupations terminées, il y a, ce me semble,
assez long-temps que l'on se rit de moi,
tâchons de rire des autres à notre tour;
allons, à trois heures, à la grande source
des rochers : il ne manque pas de ca-
chettes dans cette partie de la montagne; allons nous installer d'avance, et

sachons ce qui se passe entre M. Robert et madame de Ligneville.

Une bonne heure avant celle indiquée par le billet, je m'étais esquivé de la maison, et je me trouvais dans une grotte de la grande source, assez profonde pour contenir un troupeau de chèvres pendant un orage. J'attendais, avec impatience, M. Robert et madame de Ligneville, lorsque je vis au contraire arriver dans ce lieu mademoiselle Thérèse et mon éternelle compagne. Elles vinrent se reposer tout près de l'endroit où je m'étais logé. J'entendis ma femme qui tâchait d'encourager Thérèse dans la démarche qu'elle lui faisait entreprendre :

« Oui, mademoiselle, lui disait-elle, il faut en avoir le cœur net ; certainement, si M. Robert s'est pris de belle passion pour la femme d'un autre, il ne pensera jamais à vous, et votre plus court parti sera de renoncer à tout espérance. — Hélas! ma bonne Henriette, répondait mademoiselle Thérèse, d'un air triste, tu sais bien que je n'en ai jamais eu...... Mais madame de Ligneville! une femme mariée! Qui jamais aurait pu croire!... » En ce moment ma femme aperçut M. Robert; elle attira la demoiselle dans la grotte, et je me tapis dans un coin obscur pour n'être point remarqué. Madame de Ligneville se trouva près de la source presqu'en même temps que lui; elle avait encore son petit fusil. Tous deux se rejoignirent également vers le lieu que ces dames avaient d'abord choisi comme le moins humide pour y reposer; nous entendîmes bientôt la petite dame s'exprimer à peu près en ces termes :

« Définitivement, mon cher M. Gustave, Augustine est folle de vous. Croyez que je m'y connais, quoique je n'aie jamais eu d'amour pour personne; M. de Ligneville est un excellent être, mais qui pourrait se résoudre à l'adorer! Vous, c'est

autre chose , je conçois qu'une femme,
libre de son choix, qui vous voit à chaque instant , ne puisse être long-temps
indifférente!..... Ce que je dis ici est sans
conséquence; car, pour moi, malheur à
celui qui s'aviserait de m'aimer; mais ce
n'est pas de cela dont il s'agit, mon cher
M. Gustave. Vous m'avez avoué que cette
jeune personne n'est point votre parente,
que vous lui trouviez d'excellentes qualités , qu'elle vous inspirait même un
intérêt très-vif; voyons, n'y a-t-il pas
aussi un peu d'amour de votre part dans
tout cela? — Je vous avoue, avec franchise , répliqua M. Robert, que s'il
m'était permis de songer à fixer mon
sort, elle deviendrait l'objet de mon
choix; mais je dois, avant de chercher à
pénétrer ses sentimens, avoir un rang,
un nom, à lui offrir; grâces aux soins
du Maire, et du bon M. Morel, je crois
avoir découvert l'auteur de mes jours,
et, si je ne suis point trompé dans mes
espérances, il me sera bientôt permis

d'ouvrir mon cœur à cette chère Augustine. Jusque là, je ne dois point oublier que son innocence et ses vertus sont confiés à mon honneur, et que je ne dois être pour elle qu'un père, un ami. — Voilà qui est charmant, répondit madame de Ligneville, hâtez-vous donc d'obtenir ce que vous désirez de votre cher papa, et qu'un bon mariage rétablisse l'intelligence parmi nous; car il est bon de vous dire qu'Augustine est jalouse, et qu'elle ne me voit plus avec autant de plaisir qu'autrefois; cela m'afflige en vérité.» En ce moment mademoiselle Thérèse, au comble de la joie, fit un mouvement comme pour se précipiter vers la jeune dame; ma femme la retint, et l'entraîna dans le fond de la grotte, non sans faire quelque bruit. Madame de Ligneville se leva précipitamment, saisit son arme ; « Il y a quelque chose là dedans, dit-elle, un loup peut-être ; il faut que je lui fasse peur.» Et déjà le bout de son fusil se dirigeait de mon côté. Soudain je jetai un cri qui fit retentir tous les échos de la montagne; ma femme et Mademoiselle Thérèse, épouvantées par ma voix, sortant de l'obscurité, crièrent à leur tour, et se sauvèrent vers l'entrée de la grotte. Madame de Ligneville laissa tomber son fusil de surprise, et M. Robert parut pétrifié. Je crus alors que je n'avais rien de mieux à faire que de paraître à mon tour au milieu de la confusion générale; et je dois convenir que ma présence ne parut nullement agréable aux principaux acteurs de cette scène. Après le premier instant de silence, occasionné par l'étonnement, on m'engagea poliment à retourner au logis, ce que je fis sans trop me faire prier, et ce qui m'empêche de vous rendre compte de ce qui se passa ensuite près de la grande source des rochers.

CHAPITRE IV.

« Il faut convenir, M. Germain, que vous êtes un homme bien malheureux; je vois que, malgré votre esprit, jusqu'à présent rien ne vous réussit: vous aviez, je crois, l'intention de rire aux dépens de ceux qui s'étaient amusés aux vôtres, et je ne trouve rien dans tout cela qui puisse satisfaire votre malice; selon toute apparence, ils sont maintenant tous d'accord.

— C'est ce que j'ai lieu de croire, M. Georges, car je les vis rentrer, de mon appartement, environ deux heures après, et ils semblaient effectivement de la meilleure intelligence possible; mademoiselle Thérèse avait les yeux baissés, mais on devinait la joie de son cœur à la rougeur de ses joues; madame de Ligneville était d'une gaîté folle; M. Robert paraissait heureux, et ma femme réfléchissait aux moyens de me jouer quelques mauvais tours ; je vis cela au sourire malin qui agitait ses lèvres. Cependant je ne reçus pas le moindre reproche de sa part : il est vrai que le Curé était à la maison quand notre famille y rentra. Ce bon Curé avait depuis quelque temps de longs et fréquens entretiens avec notre patron, et je venais d'en apprendre le motif ; il était chargé de découvrir un père à M. Robert, je crois probable qu'on avait besoin de quelques éclaircissemens de la part de M. de Belmont, pour parvenir à cette découverte ; vous en jugerez par la suite de mon récit, qui touche à sa fin : pendant six ou huit mois encore je continuai à jouir de la plus grande tranquillité, si j'en excepte les mauvaises plaisanteries de madame Germain, auxquelles pourtant je commençais à m'accoutumer : j'avais repris mes courses dans les montagnes, pour y porter les petits présens que nous faisions aux habitans nécessiteux. J'entrai un jour dans une chaumière, pour m'y informer de la santé d'un paysan que nous avions fait soigner pendant une longue maladie; quelle fut ma surprise, de trouver près de son chevet M. Lazare lui-même, occupé à donner des soins à ce convalescent, et lui promettant tous les secours dont il pourrait avoir besoin! Mon premier mouvement fut de regarder la porte par où je venais d'entrer, et de me disposer à sortir promptement; mais M. Lazare m'avait aperçu; il m'aborda avec la plus grande politesse, me pria de vouloir bien oublier tout ce qui s'était passé entre nous, m'assurant qu'il avait senti ses torts, qu'il était naturel d'aimer M. Lambert, le plus honnête, le plus estimé et le plus bienfaisant des hommes. Il m'engagea ensuite à vouloir être son ambassadeur, et m'assura de sa vive reconnaissance, si je parvenais à le faire admettre dans la société de notre digne chef de maison. Pendant qu'il me parlait, j'avais sans cesse les yeux fixés sur ses mains, et je frémissais quand il en

approchait une de son gilet : c'est là
qu'il avait fait voir le poignard à Féraro.
Je fis tout mon possible pour lui cacher
ma frayeur, et, lorsqu'il eut terminé son
discours, je lui promis tout ce qu'il voulut. Craignant de le voir s'éloigner avant
moi, je m'acquittai promptement de
ma commission près du malade, et sortis de la chaumière, en prenant congé
de lui du ton le plus agréable que je pus
le faire, après quoi je disparus en courant à toutes jambes, regardant de temps
à autre derrière mes talons, si je n'y
trouverais pas le doucereux personnage
ou son compagnon Féraro. De retour au
clos, je voulus me faire honneur de ma
découverte, je montai promptement chez
M. Robert, et lui annonçai le retour de
M. Lazare; il en était déjà instruit. Je lui
rendis compte du désir qu'il avait témoigné d'être reçu dans la maison, et de
tout ce qu'il m'avait dit d'ailleurs, pour
faire croire qu'il méritait cette faveur.
M. Robert fit un hochement de tête qui

semblait indiquer le peu de cas qu'il faisait de ses belles paroles, et me tourna
le dos sans me répondre...... Je sortis
alors de son appartement, et rencontrant
ma femme sur l'escalier, je lui racontai
également mon entrevue avec l'homme
au poignard; elle me rit au nez, et continua de monter chez mademoiselle Thérèse. Je vis clairement qu'on en savait
plus que moi sur tout ce que je croyais
révéler, et que M. Lazare n'inspirait aucune confiance, Je crus voir aussi qu'on
ne s'occupait que très-faiblement de ma
conservation, puisqu'on ne m'avait point
prévenu du retour de mon ennemi.
Toutes mes terreurs se renouvelèrent ;
comme on paraissait assuré que Lazare
n'avait changé qu'en apparence, et qu'il
conservait toujours les sentimens de
haine qui l'avait rendu redoutable, je
fus jusqu'à penser qu'on verrait avec insouciance le terrible poignard me rayer
de la liste des habitans du clos. J'étais
retiré dans ma chambre, occupé de ces

pensées, peu agréables par elles-mêmes, quand j'entendis frapper à ma porte; je tressaillis comme si j'avais dû voir un Lazare ou un Féraro, ce n'était pourtant rien de semblable; après m'être remis de cette émotion subite, je priai qu'on ouvrît, et je vis paraître notre respectable et bon Curé; je crus qu'il venait encore me demander compte de mes fautes, et j'étais tout disposé à le satisfaire; mais il était question de tout autre chose.

« Vous avez été bien inconséquent dans votre conduite, me dit M. Morel, avec un ton plus sérieux que de coutume; votre vanité et votre faiblesse vous ont exposé au ressentiment d'un homme dont vous avez tout à craindre, car l'ennemi de Dieu ne sait point pardonner. Vous avez méprisé mes conseils, les secours de notre sainte religion ont été méconnus par vous, et peut-être n'est-il déjà plus permis de vous soustraire à la honte qui vous attend, au châtiment qui vous menace. Cependant, si le repentir peut encore entrer dans votre âme, il est possible que la clémence du Tout-Puissant surpasse encore l'énormité de vos fautes. Vous savez avec quels soins, avec quelle sollicitude, M. Robert a rempli les obligations que lui avait imposées sa reconnaissance envers le comte de Surville; les malheurs de la révolution qui, grâce au ciel, touchent à leur terme, ne vous ont fait perdre aucun des avantages dont vous jouissiez avec votre ancien maître : M. Robert le remplace; il a toujours eu pour vous les plus grandes bontés, vous a donné les plus dignes exemples; par quel prix l'avez-vous récompensé? Je me dispenserai de faire l'énumération de vos coupables erreurs, cela serait inutile, si votre cœur n'éprouve déjà le désir de les réparer : je viens vous en offrir les moyens.

—Ah! parlez, lui dis-je alors en pleurant comme un enfant, parlez M. le

Curé, je vous promets de faire tout ce que vous m'aurez prescrit, je le jure par St.-Nicaise mon vénérable patron : il continua :

— Vous avez appris, à la source des rochers, que M. Robert espérait enfin découvrir l'auteur de ses jours, vous savez aussi qu'il s'est fait une loi de ne point quitter sa fille adoptive. M. de Belmont peut nous donner les renseignemens les plus certains sur la famille de notre ami, nous cherchons en ce moment un homme sûr et dévoué, capable d'entreprendre le voyage, d'ici à l'armée des Grisons, où se trouve le régiment des hussards dont M. de Belmont fait partie, afin de remettre à ce dernier une lettre importante, que nous lui adresserons. Vous sentez-vous capable de remplir cette mission ? pouvez-vous vous résoudre à quitter pour quelque temps votre épouse, et le voisinage de M. Lazare ?

— Avec le plus grand plaisir, m'écriai-je, ordonnez, et je pars sur l'heure.

— Cela suffit, dit alors M. Morel en se levant, vous partirez demain; à revoir, songez que nous comptons sur un homme dévoué, discret et fidèle. » Il sortit, en prononçant ces dernières paroles d'un ton sentencieux, et me laissa réfléchir à la promesse que j'avais faite, promesse à laquelle tout me forçait de satisfaire. Je craignais seulement que ma femme ne voulût point consentir à notre séparation; mais, lorsque je lui en parlai, elle prit la chose avec beaucoup de résignation, fit promptement mon porte-manteau, me recommanda de la rappeler à votre souvenir, et de lui donner de vos nouvelles aussitôt que je vous aurais rencontré.

Le lendemain, M. Morel et M. Robert étant réunis dans le salon, me firent appeler; ce dernier me remit une lettre à l'adresse de M. de Belmont, et une somme d'argent assez considérable; le

Curé me fit encore une bonne morale,
et je partis aussitôt pour Besançon,
d'où je devais voyager jusqu'à Béfort
dans les voitures publiques. De là, il est
impossible de vous raconter comment
je suis parvenu ici; tantôt à cheval,
tantôt sur des caissons de vivres ou de
munitions de guerre, et plus souvent
à pied, j'ai fait au moins deux cents
lieues dans ces montagnes pour vous
découvrir : lorsque j'arrivais sur un
point où l'on m'avait assuré que je vous
rencontrerais, vous en étiez toujours
parti depuis deux heures; enfin, le
matin du jour où je vous trouvai, j'a-
vais été attrapé par ces maudits Autrichiens qui, après m'avoir volé mon
argent aussi inhumainement qu'ils as-
sassinèrent nos plénipotentiaires à Ras-
tatd, après m'avoir pris tous mes papiers, m'avoir donné ce qu'ils appellent
la *schlaag*, avec un long bâton de cou-
drier, avaient encore, comme j'ai eu le
plaisir de vous le dire, la douce inten-

tion de me fusiller un peu plus tard. Maintenant je suis sans un sou, et, puisque M. de Belmont est mort, je ne vois pas trop qui pourra me fournir les moyens de retourner en Franche-Comté; ce n'est pas que je sois trop pressé de revoir ma femme, ni de me trouver près de ce bon Lazare; mais, d'un autre côté, il paraît que vous vous battez presque tous les jours, et le voisinage des troupes de l'Autriche n'a rien de trop attrayant pour moi. »

Germain avait enfin terminé son prolixe récit; Georges l'avait écouté avec la plus scrupuleuse attention, St.-Paul, occupé de sa troupe, n'avait point cherché à entendre ces détails; Charles, s'amusant des mouvemens de son cheval, contemplant la marche de l'armée, et tout à l'espoir qu'on pourrait rencontrer l'ennemi, n'était susceptible d'aucune autre impression. Cependant on arriva à la position qu'on devait occuper jusqu'au lendemain. Il était nuit close, la bise se faisait vivement sentir : néanmoins les troupes reçurent l'ordre de bivouaquer sans feu, et dans le plus grand silence, le Général français désirant ne donner aucune inquiétude à l'ennemi qu'il voulait attaquer à la pointe du jour. Le valet de chambre fut loin d'être charmé de la conduite du Général ; il lui paraissait tout simple, puisque l'ennemi le laissait en repos, qu'il respectât à son tour la tranquillité de l'ennemi, et qu'il laissât chauffer ses propres troupes ; malheureusement on ne vint pas lui demander son avis ; le malencontreux Germain, sans manteau, légèrement vêtu, passa la nuit à grelotter, et déjà rempli de frayeur de l'attaque qui devait avoir lieu.

Deux heures avant le jour, la division se remit en route, et à peine les premiers rayons du soleil commençaient à dorer la pointe des monts, nos éclaireurs étaient aux prises avec les védettes ennemies ; Charles reçut l'ordre de se retirer à l'arrière-garde avec Germain ; le premier obéit d'assez mauvaise grâce, mais le second ne parut pas même rassuré par cette légère retraite. On en vint bientôt à une attaque positive; l'ennemi paraissait avoir été prévenu, et ses positions lui donnaient sur nous de très-grands avantages : son artillerie, placée sur les hauteurs que nous avions en tête, faisait pleuvoir la mitraille dans nos rangs, tandis que nous cherchions à établir notre matériel, et que nos masses se déployaient avec peine sur le terrain où nous devions combattre; plusieurs escadrons de houlans venaient aussi de faire un grand circuit sur notre droite, et de se porter sur notre arrière-garde, afin d'opérer une diversion; plusieurs petits corps se dirigeaient sur nos flancs, et cherchaient à diviser notre feu au point d'en paralyser les effets. Le Général français ordonna aussitôt à toute sa cavalerie de voler au secours de son arrière-garde, de ramener les houlans par le même chemin qu'ils avaient pris pour venir nous harceler, de les repousser jusque sous les batteries de leur corps principal, et de balayer au même temps tout ce qui se trouvait opposé au développement de notre droite. Ce mouvement fut exécuté avec une extrême promptitude. La cavalerie ennemie ramenée en désordre, d'abord jusqu'à la hauteur du centre du combat, fut bientôt soutenue par de nouvelles forces de cette arme et quelques carrés d'infanterie; notre artillerie venait enfin de s'établir; une partie de nos bouches à feu, chargées à mitraille, furent aussitôt pointées sur ce renfort, et vomirent dans ses rangs la mort et l'épouvante : les escadrons français, arrêtés un instant, furent soudain appuyés d'une masse de notre infanterie, et revinrent à la charge. Notre arrière-garde, ainsi que la réserve, reçut en ce moment l'ordre de faire un changement de direction vers notre gauche, et de refouler la droite ennemie sur son centre; ces différens mouvemens, combinés de manière à ce qu'ils s'exécutassent au même moment, notre corps principal, prêt à être dépassé par ses ailes, s'ébranla au pas de charge, atteint l'ennemi à la baïonnette, et décida la victoire à se ranger sous nos drapeaux. L'ennemi fut culbuté de toute part, son infanterie enfoncée, sa cavalerie dispersée, et en fuite dans les gorges; un grand nombre de prisonniers et une partie de son artillerie, tombèrent en notre pouvoir; enfin le corps français poursuivit ses succès et ne s'arrêta qu'aux approches de la nuit, après avoir opéré sa jonction avec les troupes amies, sous les ordres du général Muller.

En ce moment, Georges vit arriver Germain, pâle, défiguré, tremblant encore des dangers qu'il avait courus, et effrayé des reproches qu'il allait recevoir : Charles avait disparu au moment où notre cavalerie était venue secourir l'arrière-garde. Georges devint furieux en apprenant cet événement, menaça Germain de le couper en quatre, s'il ne retrouvait le dépôt qui lui avait été confié; le malheureux valet de chambre au désespoir, tombé sur ses deux genoux, cherchait en vain à s'excuser; Georges redoublait ses menaces, quand tout à coup on entendit de grands éclats de rire sortir du centre de l'escadron devant lequel cette scène avait lieu. Georges se retournant vivement, aperçut Charles portant l'étendard de son régiment, au milieu de ses camarades, et à côté de Bernard qui ne l'avait point quitté depuis qu'il s'était affranchi de la surveillance de Germain. Georges, au comble de la joie, crut pourtant devoir la dissimuler aux yeux de son élève; il prit alors un ton sévère, et lui ordonna *d'avancer à l'ordre.*

« Comment se fait-il, Monsieur, que vous avez quitté votre poste, et que je vous vois établi porte-étendard, lorsque vous pourriez à peine en défendre la lance en la cachant dans votre poche?

—Je vais vous conter cela, mon Maréchal des logis, répàrtit Charles avec le même sérieux, et portant la main à son schakos. J'étais, comme vous le savez, avec ce poltron de Germain que voilà, et qui, tremblant de tous ses membres aux premières balles qui nous arrivèrent, était pour moi du plus mauvais exemple, ce que vous n'aviez pas prévu, mais ce que mon cheval a deviné: car sitôt qu'il a senti ses camarades, il s'est mis à caracoler, à hennir de telle sorte, que je prévis qu'il me serait impossible de le contenir plus long-temps; je lui lâchai donc tant soit peu la bride; il prit soudain le grand galop, et comme il se rappelait que sa place était en tête de son escadron, il m'y transporta en moins d'une minute; le lieutenant St.-Paul me vit, et me força de prendre rang à côté de Bernard, mon brigadier, et du porte-étendard. Ce dernier fut tué dans notre dernière charge, et faillit m'assommer en me jetant cette précieuse enseigne au moment où il tombait de cheval; je la retins pourtant, nos braves s'étant plutôt occupé de la défendre que de me l'enlever, je la porte encore, et vais la remettre à mon colonel, qui en disposera à sa manière : maintenant vous voyez que si quelqu'un mérite d'être aux arrêts, de rigueur, c'est Germain, parce qu'il est poltron, et mon cheval parce qu'il est trop brave; ainsi, arrangez-vous ensemble, moi, je ne m'en mêle plus.

—Oui-dà! répondit Georges, pouvant à peine contenir l'expression du plaisir qu'il éprouvait, c'est fort bien, Monsieur, puisque vous ne pouvez pas contenir votre monture, une autre fois nous vous mettrons à pied; en attendant, voilà le Colonel, allez-lui remettre votre étendard, et revenez bien vite donner l'avoine à ce cheval indiscipliné. »

Le Colonel s'avançait en effet vers eux;

après avoir pris les derniers ordres du
Général, pour cette journée, il venait
placer son régiment à la position qui lui
était indiquée; on ne peut plus surpris
de voir confié au jeune de Belmont
un dépôt aussi précieux, il était sur le
point d'en témoigner son mécontente-
ment, lorsque Charles le prévint par ce
discours :

« Mon Colonel, celui qui portait cet
étendard est mort comme un brave; en
tombant, il me l'a donné, et a paru vouloir me dire de remplir à mon tour la
tâche qu'il venait de terminer: de mourir un jour, comme lui, pour la patrie:
c'est ce que je prétends faire. Quant à
votre étendard, je le trouve un peu trop
lourd pour vouloir le conserver, et je
vous le rends comme je l'ai reçu, certainement vous ne direz pas qu'il était
neuf. » Le Colonel, quoique pénétré du
regret que lui faisait éprouver la perte
de plusieurs braves, ne put s'empêcher
de sourire aux paroles de notre petit

héros; il prit de ses mains le signe de ralliement de son corps, et embrassa ensuite Charles avec une vive expression de plaisir. Celui-ci revint aussitôt à Georges, et remarquant qu'il cherchait à conserver son air sévère.

« Allons, lui dit-il, est-ce que tu vas être encore long-temps à bouder? mon Dieu! si tu savais comme cela te fait faire la grimace! on voit que tu te forces; voyons, fais comme le Colonel, embrasse-moi.....

— Non, Monsieur, non, je ne veux pas,..... je vous dis que je ne veux pas.

— Tiens, tu es comme notre cantinière quand le trompette-major la lutine : elle dit toujours qu'elle ne veut pas, puis elle le laisse faire ; regarde comme ça..... » Charles avait saisi son ami par ses moustaches, et ses faces à la hongroise, et Georges, cédant enfin au besoin de son cœur, scella le raccommodement, en le pressant avec transport dans ses bras.

« Eh ! doucement, tu m'étouffes à présent !

— Conviens, mon ami, que tu n'es pas du tout raisonnable ; tu vois combien je t'aime, juge du chagrin que j'éprouverais s'il t'arrivait quelque malheur avant que tu sois assez fort pour te défendre ; tu sais d'ailleurs que le Général ne veut pas que tu viennes au feu.

— Nous ne lui dirons pas.

— Au contraire, répliqua vivement Georges, je veux qu'il sache que mon cher petit Charles.....

— Achève donc.

— Oui, je veux qu'il te mette de nouveau aux arrêts, parce que tu as désobéi, et que tu es un mauvais garçon ; embrasse-moi encore. »

Après ce dernier combat, les mouvemens de notre armée en Italie condamnèrent au repos, pour quelque temps, Masséna et Lecourbe, commandant les français dans une partie de la Suisse et des Grisons, et laissèrent respirer l'Archiduc Charles et Hotze, à la tête des troupes autrichiennes qui nous étaient opposées. Les deux armées vinrent prendre alors, sur les deux rives de la Limmat, des positions également avantageuses, et qu'ils rendirent inexpugnables par les fortifications qu'ils élevèrent encore. Cependant quelques escarmouches avaient lieu chaque jour entre les deux partis, comme pour entretenir, parmi les troupes des deux nations, l'habitude de la guerre et la haine qui les divisait. L'Archiduc avait fait attaquer la position de Mont-Albys, et n'avait pu nous en débusquer; peu de jours après, Masséna avait de même porté quelques forces sur les Autrichiens campés devant Zurich. D'autres engagemens eurent lieu entre la Sihl et le lac de Lucerne; les français poussèrent même leur avant-garde jusqu'en avant de Bâle, à la droite du Rhin, et là le général Hotze, repoussé sur l'Ikthal par le général Lecourbe, avait encore appris à connaître la supériorité des troupes républicaines sur les cohortes impériales ; mais tous ces combats ne devaient conduire à aucun résultat décisif. Toutefois une colonne russe, commandée par Korsakow, arrivant à grandes journées, venait s'unir aux forces de l'Archiduc, et seconder les mouvemens de Souvarow. D'un autre côté, le Directoire, croyant en ce moment apercevoir dans les rangs français l'avantage d'une supériorité en nombre, ordonna à nos généraux de presser enfin leurs opérations, avant que les troupes auxiliaires fussent en mesure d'y prendre part. De nouvelles dispositions furent prises par nos commandans en chef, pour accélérer la défaite de l'ennemi ; la guerre prit un caractère plus violent, et la scène s'agrandit. Nous pouvons faire entrevoir à nos lecteurs quels étaient alors la situation et le but des différentes armées commises à la défense des frontières, en lui rendant compte d'une conversation qui eut lieu entre Saint-Paul et son élève, avant une sanglante bataille qui se donna près de Glaris. et où les français eurent encore l'avantage sur les russes et les impériaux.

« Mon lieutenant, que dirai-je à Georges ?

— Que je suis assez content de vous, Charles, pour la géographie et le dessin; mais que vous n'avez pas de goût pour le latin.

— Voilà un dernier article qui ne lui plaira pas ; au reste, je lui promettrai que ce goût-là me viendra, et tout sera fini. Maintenant que nous avons parcouru toutes ces cartes, dites-moi donc où se trouvent les autres corps de l'armée française, car je sais qu'il y en a plusieurs.

— Volontiers : il y en a un d'abord ici, dans les états de Gênes, pour garantir la frontière méridionale de la France de l'invasion des troupes de Suvarow; là s'en trouve un autre, qui doit déposter les ennemis du Mont-Blanc, des Basses-Alpes et de l'Isère. Tout près de nous, dans ces gorges, se trouvent plusieurs divisions avec lesquelles la nôtre est combinée; nous devons ensemble défendre la Suisse, en couvrant la France, et, pour cela, chasser les impériaux des cimes élevées des grandes Alpes. Plus loin, se trouvera bientôt le corps d'armée du général Joubert, qui, descendu des Apennins, doit tomber sur Suvarow. Nous devons, pendant ce temps, attaquer les Autrichiens, et passer, après les avoir vaincus, sur la rive droite du Bas-Rhin. Nous avons encore d'autres troupes près de Mayence, qui vont également prendre une attitude offensive, et se porter en avant.

—Quel bonheur! interrompit Charles, bien certainement, cette fois, nous irons visiter leurs champs à notre tour. Mais dites donc à Georges qu'il me laisse suivre le régiment; si vous saviez comme je m'ennuie avec ce Germain; lorsqu'on se bat, on dirait qu'il vaut quelque chose, tant il a peur du danger; et puis, vous croyez peut-être que j'étudie pendant ce temps? pas du tout; je ne trouve rien de mieux à faire, que d'effrayer mon poltron de surveillant. Avant hier, j'ai tiré un coup de pistolet tout près de son oreille, pendant qu'on se battait dans la vallée, il a cru être mort; il s'est trouvé mal comme une femme, et moi, de rire comme un fou. Je vous conte cela, par-ce qu'il m'a menacé de vous en faire son rapport. »

Saint-Paul s'appliqua à donner à son élève une leçon de sagesse et de pru-dence, lui montra l'obéissance aux or-dres de ses chefs comme le premier devoir d'un bon militaire, et le renvoya au Maréchal des logis, pour qu'il se livrât à de nouveaux exercices. Lorsque Charles arriva près de Georges, il le trouva oc-cupé à la lecture d'une lettre qu'il venait de recevoir, et, pour la première fois, in-sensible à son apparition. Nous croyons devoir donner connaissance de cette épître à nos lecteurs, afin d'excuser ce moment d'indifférence de la part de notre ami Knopf envers son élève :

« Je prends la liberté de vous écrire, mon brave M. Georges, pour vous prier de me dire ce que peut être devenu Germain, mon mari ; je crois être bien sûre d'une chose, c'est qu'il ne se sera pas engagé dans votre régiment, ainsi que vous paraissiez le desirer à votre passage à Besançon. Dans tous les cas, je vous dirai qu'il a été chargé par M. Robert, de porter une lettre à votre capitaine ; et que, depuis deux mois et demi qu'il est parti, nous n'en avons ni vent ni nouvelle ; pourtant, nous sommes tous impatients de savoir la réponse de M. de Belmont, surtout cette bonne demoiselle Thérèse que vous avez sauvée de la main des voleurs. Ayez donc la complaisance de me répondre ; ne craignez pas même de trop m'affliger, dans le cas où il serait arrivé quelque malheur à mon

mari ; je sais qu'il ne faut pas se gen-
darmer contre la Providence. Ne me ca-
chez donc rien, et croyez au souvenir
de votre très-humble servante, Henriette,

FEMME OU VEUVE GERMAIN. »

Cette lettre réveillait avec vivacité tous
les sentimens que notre Maréchal des logis avait jadis voués à la charmante nourrice de Lucie. Charles attendait toujours
qu'il lui parlât, et qu'il lui donnât sa leçon d'exercice, lorsque tout à coup les
tambours et les trompettes se firent entendre de toutes parts ; les soldats, cou-
chés dans leurs bivouacs, se levèrent
précipitamment, coururent aux armes,
et firent face aux nombreux ennemis qui
déployaient leurs masses à quelque distance de leur camp.

CHAPITRE V.

Nous devons nous intéresser à toute
la famille et à tous les amis du comte

de Surville, à plus forte raison, songer à lui-même. Pèndànt que nos militaires se battent de nouveau contre les troupes impériales d'Autriche et de Russie, voyons ce que deviennent les émigrés français.

Le Comte et son fidèle piqueur Durand, arrivés à Francfort avec Lorber, prirent des mesures pour continuer leur route sur Vienne; le dernier se rendit chez un juif de cette ville, auquel, s'étant fait connaître, il emprunta une somme suffisante pour acheter une berline de la fabrique d'*Offenbach*, et pour satisfaire aux frais de poste jusqu'à sa destination. Ayant ensuite proposé à ses compagnons d'accepter deux places dans sa voiture, ce ne fut que parce qu'il promit de recevoir plus tard la moitié du remboursement des dépenses, que M. de Surville consentit à voyager avec lui; néanmoins on ne put faire occuper d'autre place à Durand que celle du siége; bien que son refus soit dicté par le respect qu'il conservait pour son maître, il prétendit que le grand air était nécessaire à sa santé, et que d'ailleurs il désirait voir avec attention le pays qu'ils allaient parcourir.

Ils ne firent que peu de séjour en route, et arrivèrent bientôt dans la Capitale où règnent les petits fils des grands Cézars; Lorber descendit dans une maison qui lui appartenait, et engagea M. de Surville à devenir son hôte; le Comte s'y refusa positivement, cependant il passa avec Fréderic la première journée, et s'en sépara le lendemain pour aller habiter un modeste appartement dans le Léopold-Statt, faubourg extérieur de Vienne, où Durand le suivit.

Lorber avait encore fait à M. de Surville les offres les plus généreuses comme les plus désintéressées ; ce dernier, fatigué de ces sollicitations et des trop justes remarques dont elles étaient accompagnés, sur ce qu'il croyait, avant peu, recouvrer ses titres et ses biens, avait fini par les recevoir avec une hauteur qui ne permettait plus d'espérer qu'il voulût jamais contracter la plus légère obligation envers un étranger. Durand cependant voyait avec peine la fierté de son maître, et pensait qu'il aurait tort de se trouver humilié en acceptant, à titre d'emprunts, les moyens d'existence qui lui étaient offerts ; Frédéric s'aperçut à la physionomie du serviteur qu'il désavouait les idées du maître, et résolut de chercher à ravir au moins ce dernier à la misère qui les menaçait tous deux. Un jour, ayant rendu visite au Comte, et n'ayant trouvé chez lui que son ancien piqueur, il se plaignit avec amitié à celui qui l'avait sauvé du mauvais sort qui le menaçait en France, de ne point lui avoir accordé l'avantage de lui prouver sa gratitude et sa reconnaissance.

« Pourquoi, lui dit-il, n'accepteriez-vous pas pour vous l'asile que je voulais vous faire partager avec M. le Comte?

— Mon devoir est de le suivre, M. Frédéric.

—Si vous lui portez vraiment de l'intérêt, vous devriez penser qu'en ce moment vous allez lui devenir plus onéreux qu'utile.

— C'est ce que je ne crois pas, M. Lorber; j'ai de bons bras, et, tout en le servant, je pourrai par mon travail satisfaire à mes besoins.

— Savez-vous un métier ?

— Le premier du monde.

— C'est ?.....

— De remuer la terre ; vous savez qu'elle cache des trésors et qu'avec du courage et de la persévérence, on parvient toujours à lui en ravir quelques parcelles.

—Etes-vous certain de trouver à vous employer.

—N'avez-vous pas un coin de terrain à faire valoir, M. Frédéric, un jardin, par exemple ?

— Non Durand, je n'ai rien de semblable ici, mais j'aurai toujours une bonne table à votre service, et un joli logement que je voudrais voir occupé par un honnête homme : n'y viendrez-vous pas ?

— Je vous l'ai dit, M. Frédéric, je ne puis quitter mon maître.

— Je suis fâché de ne pouvoir réussir à vous être utile, mon cher Durand. Je vous préviens cependant que je vais partir pour la Moravie où j'ai l'intention d'attendre la fin de cette guerre, et que je laisse à mon régisseur, dont voici l'adresse, l'autorisation de satisfaire à tous vos besoins dans le cas où vous m'aimeriez assez, par la suite, pour avoir recours à ma fortune.

— Je vous remercie, M. Frédéric, il est possible qu'un jour j'use de cet avantage.

— Comptez alors sur moi, Durand.

— A revoir, M. Frédéric, que Dieu vous conserve. »

Le Comte s'était occupé, depuis son

arrivée à Vienne, de chercher à se faire jour auprès de l'Empereur, et de parvenir à quelque emploi qui fût d'accord avec ses principes. Il sortait d'un pays qui, de tout temps, avait été l'asile de l'étranger; l'homme banni de sa patrie, lorsque sa disgrâce n'avait pour cause que les événemens d'une politique toujours puissante et souvent injuste, était assuré d'obtenir en France une bienfaisante hospitalité : le Comte avait même remarqué que, par un excès de générosité, il arrivait parfois qu'on accordait une préférence marquée à celui qui n'avait d'autre titre à la bienveillance des gouvernans que le malheur d'avoir été proscrit de sa terre natale. D'après cela, son imagination créait de tous les Souverains une société de philanthropes, forcés de punir, mais dont chacun en particulier devait offrir des palliatifs à la sévérité de l'autre. Il eut pourtant lieu de s'apercevoir qu'il ne fallait pas juger, par l'ancienne Cour de

France, de celles de toute l'Europe; il vit bientôt que les nombreux émigrés qui se trouvaient alors en Autriche, n'étaient devenus, après avoir été dupes des plus belles promesses, que des objets d'indifférence; à peine ceux qui étaient les plus recommandables par leurs talens ou par les liens qui les unissaient aux prem ères familles de ce pays, obtenaient-ils un regard de commisération; on s'appliquait à prêter à leurs actions le but de l'inconséquence et du ridicule. Quelques misérables, forcés de quitter nos frontières, par des motifs tous différens de ceux qui en avaient éloigné une saine partie de la noblesse française, et qui continuaient à s'abandonner aux penchans les plus viles, aux actions les plus infâmes, étaient assimilés à la généralité d'une classe respectable; leur conduite servant de texte à la calomnie, aliéna bientôt tous les cœurs et resserra le refuge que l'on reservait à l'honneur malheureux. M. de

Surville, abreuvé d'humiliations et de dégoûts, hors d'état de continuer les dépenses dans lesquelles l'avaient entraîné ses premières démarches, trop orgueilleux d'ailleurs pour avoir recours à la pitié, dut renoncer à toute espérance; il résolut d'abord de diminuer ses dépenses, de restreindre son domicile à une seule chambre pour lui, et un cabinet pour Durand qui fut chargé de cet arrangement. Deux jours après M. le comte de Surville, qui naguères avait possédé une immense fortune, se vit réduit à se concentrer dans une seule pièce de quinze pieds carrés: tendue de papier vert, meublée d'un mauvais lit, d'une commode antique, d'une vieille table de sapin tremblante sur ses pieds, et d'une demi-douzaine de chaises dont le siége et les dossiers, tressés de joncs, étaient troués en plusieurs endroits : telle était l'habitation du digne Comte.

Cependant Durand avait changé son

habit bleu, sa culotte de daim, contre une veste et un pantalon de droguet; une grosse paire de souliers bien ferrés avait remplacé les bottes à ret roussis, et un bonnet rond en pluche de laine grise, le chapeau à trois cornes galonné en argent. Il faisait de fréquentes absences du logis : son maître qui cherchait souvent en lui le seul être qu'il pût entretenir de ses peines, voulut enfin savoir où il passait presque toutes ses journées. Il apprit avec chagrin que ce digne serviteur se livrait au travail le plus pénible avec plusieurs jardiniers du voisinage, auxquels il avait offert ses services. Dès ce moment, le Comte le pria de ne plus s'occuper de lui, et de consacrer à un repos devenu pour lui si nécessaire, le temps qu'il donnait encore à des devoirs qu'il n'avait cessé de remplir avec zèle et fidélité; mais Durand lui fit observer qu'il lui serait impossible de ne pas s'occuper de son maître; que seulement il voulait ne pas lui être trop à à charge, ajoutant qu'il avait repris toute sa gaîté en reprenant les premiers travaux de sa jeunesse, et qu'il engraissait considérablement, au point qu'il ne pouvait plus porter ses anciens habits: ce qui l'avait décidé à les échanger contre de plus commodes, et de plus analogues à son nouvel état. M. de Surville feignit de croire à tout ce que Durand cherchait à lui persuader : il était certain de l'affliger en s'opposant au plan de vie qu'il s'était formé. Il ne pouvait pourtant se méprendre sur les intentions de Durand; ce dernier voulait se mettre à même de le secourir dans la pénurie dont il était menacé ; tout en ménageant son orgueil, il voulait le soustraire aux besoins près de l'atteindre. Sans doute, le Comte avait une assez haute idée du caractère de Durand pour accepter, dans son malheur, ses services ; mais lui devoir sa subsistance ! cette situation lui semblait le comble de l'abaissement. Cependant que faire ? que devenir ? sans ressources, sans amis, éloigné de sa patrie, sans autre appui que celui d'un homme dont il aurait dû lui-même être le soutien, M. de Surville se livrait aux plus cruelles réflexions; il voyait la guerre se continuer de part et d'autre avec acharnement; toutes les puissances de l'Europe s'étaient réunies contre la France, et la France se défendait avec énergie contre toutes les agressions. Plusieurs triomphes illustraient déjà les troupes de la République, et rien ne faisait présager qu'elle cédât aux conditions qu'on désirait lui imposer; fier d'appartenir à une nation dont l'héroïsme, au milieu des combats, était jusqu'alors sans exemple, il en était pourtant réduit à cette malheureuse alternative, de désirer le terme de ses victoires. Ce fut agité par les sentimens les plus opposés, que le Comte, par son silence, parut adhérer aux vœux de Durand.

Plusieurs mois se passèrent encore; la fermeté de la France, de cette France en proie à toutes les calamités ; l'attitude de ses armées, envahissant à leur tour le sol de ses agresseurs, ne laissait entrevoir aucun changement dans la sphère politique. Le Comte, abandonné aux plus sombres idées, ne sortait plus de son triste appartement : en vain Durand, dans les instans qu'il passait auprès de lui, cherchait-il à ramener la gaîté, l'espoir ou le calme dans son âme : il ne put le garantir d'une fièvre billeuse, qui le conduisit bientôt aux portes du tombeau.

Forcé de renoncer à son travail, ce fidèle serviteur consacra, dès lors, tous ses instans aux soins que réclamait l'état de son maître ; il fit venir un médecin, et fournit, pendant quelque temps, à toutes les dépenses que nécessitait cette maladie ; mais il trouva bientôt la fin de ses ressources, consistant en une pièce de vingt-quatre kreutzer (1). Il se rap-

----

(1) Environ dix-huit sous de France.

pela, sur-le-champ, les offres de Lorber, et courut chez le chargé d'affaires qu'il lui avait indiqué ; celui-ci était allé faire un voyage dans les terres dont il avait la gestion, et l'on ignorait l'époque de son retour, ainsi que le lieu où l'on pourrait lui écrire. Désespéré de ce contre-temps, il s'adressa tour à tour aux différens jardiniers dont il avait obtenu de l'ouvrage, leur demanda des secours à titre d'avances, et obtint en effet de ces derniers des ressources qui, bien que modestes, éloignèrent l'instant d'un dénuement absolu, et servirent à prolonger les jours du Comte.

Un mois s'écoula, pendant lequel on désespérait de la vie de M. de Surville ; cependant, après une crise violente que le médecin avait prévue, et que Durand attendait avec la plus grande anxiété, le malade recouvrit peu à peu une partie de ses facultés, et quelques jours plus tard, entra en pleine convalescence. Le médecin prétendit bientôt que ses visites devenaient inutiles ; et, après quelques conseils donnés à Durand, il lui laissa le soin d'achever l'entier rétablissement du Comte.

Notre bon Franc-comtois reprit bientôt son travail, et M. de Surville recouvrit insensiblement sa santé, mais ne put vaincre la tristesse de son âme. Durand eut soin de lui cacher une partie des sacrifices qu'il avait dû faire, et redoubla d'activité pour s'acquitter de ses obligations. Pourtant l'hiver venait de mettre fin aux travaux du jardinage; parcourant alors les forêts voisines de Vienne, pour s'y procurer un nouveau métier, Durand devint bûcheron.

Chaque matin, avant le jour, il préparait les objets nécessaires à son maître, et courait ensuite à d'autres occupations; en rentrant le soir, il donnait à une espèce de restaurateur le montant des frais de la nourriture destinée au Comte pour le lendemain, et venait, enfin, prendre les ordres de ce dernier. Un soir il était rentré plus tard que de coutume ; M. de Surville s'était endormi plus promptement qu'à l'ordinaire, et se rappelant au milieu de la nuit qu'il n'avait pas reçu la veille les souhaits de son ancien piqueur, il se leva, avec l'intention d'aller s'assurer s'il était rentré dans le cabinet qu'il avait occupé depuis leur séjour dans cette maison, décidé pourtant à ne pas troubler son repos. Quelle fut la surprise du Comte, lorsqu'en ouvrant la porte de sa chambre, il trouva Durand endormi sur le palier, couché sur une natte de roseaux, sa hâche et sa serpe à son côté. L'expression d'effroi qui échappa à M. de Surville, réveilla Durand qui, à son tour, fut comme frappé d'une apparition.

« Qu'est-ce ! s'écria-t-il, que me voulez-vous ?..... Ah ! pardon, M. le Comte, c'est que je rêvais justement à mon père, et, comme je n'en ai pas de nouvelles, je croyais..... mais, mon Dieu ! s riez-vous indisposé, pourquoi vous lever à cette heure? il fait si froid, rentrez M. le Comte, je vous en prie.

— Et vous-même, mon cher Durand, comment vous trouvé-je dans une pareille situation? pourquoi n'êtes-vous pas dans votre lit? Dois-je croire que vous poussez votre sollicitude jusqu'à veiller sur moi pendant mon sommeil, aux dépens de votre santé?

— Non,..... non, M. le Comte, ne croyez pas cela, ce serait vraiment me faire trop d'honneur; je sais bien que maintenant vous êtes rétabli, que mes soins vous sont presque inutiles;... mais,... voyez-vous, je croyais,..... c'est-à-dire, je voulais.....

— D'où vient cet embarras?

— Eh bien! Monsieur, il faut vous dire la vérité: j'étais tellement gris hier au soir, que je n'ai pu trouver ma porte.

— J'aurais peine à croire cela, si je l'avais appris de tout autre que de vous.

— Et vous ferez bien encore d'en douter, dit alors un vieillard en robe de chambre et en bonnet fourré, qui se présenta au même instant aux regards du Comte. Entrons d'abord dans votre chambre, Monsieur, continua-t-il, il ne fait pas chaud sur cet escalier, et je vous conterai ce dont il est question.»

Nous rappellerons à nos lecteurs que nous sommes à Vienne, en Autriche, que Durand ne sait pas l'allemand; nous le prévenons en outre que M. Steffel, propriétaire, dans le Léopold-Statt, de la maison habitée par nos émigrans, ne se servait que de cette langue, connue de M. de Surville, quoiqu'il parlât bien le français (1). Tous trois étant entrés dans la petite chambre verte, M. Steffel reprit la parole.

«Oui, Monsieur, ce grand homme-là est un menteur, j'en ai plus d'une

---

(1) Plusieurs Allemands se refusent encore à se servir de la langue française, qui leur est connue, par suite de leur haine contre les Français. Cela se voit surtout en Prusse.

preuve, sans compter cette dernière. Ayant toujours l'oreille au guet, et ne dormant jamais que d'un œil, je me suis levé au premier bruit que vous avez fait en ouvrant votre porte, et j'ai entendu toute votre conversation. Je suis votre propriétaire, Monsieur; vous n'avez pas cru devoir me rendre visite, sans doute parce que je ne suis pas noble; je n'en ai pas moins dix mille talers de revenu, acquis par vingt ans de travaux dans le commerce, et, je puis le dire, sans que personne puisse m'en réclamer un féning (1). Au reste, vous me direz que cela ne vous regarde pas, et vous aurez raison; mais voici qui vous touche de plus près : pendant votre maladie, ce garçon m'a donné congé du petit cabinet qu'il occupait, en m'assurant qu'il était payé par vous pour coucher dans votre chambre ou à votre porte, à la mode des grands Seigneurs Polonais,

____

(1) Un liard.

qui veulent toujours être entourés de leurs esclaves. J'ai su depuis, sans qu'il s'en doute, que loin de recevoir de l'argent de son maître, il l'entretient par son travail.

— Venez-vous ici avec l'intention de m'insulter, Monsieur? interrompit le Comte avec hauteur.

— Du tout, Monsieur; si je n'avais que cette idée, je ne serais pas entré chez vous ainsi; écoutez-moi jusqu'à la fin : lorsque j'eus acquis la connaissance de ces détails que des jardiniers avaient devinés, j'offris à Durand de lui rendre son cabinet sans en exiger de loyer, même de l'obliger en toute autre chose, s'il voulait me donner sa confiance; savez-vous, Monsieur, ce qu'il m'a répondu avec beaucoup d'humeur? que je me mêle de mes affaires; comme si jamais je les avais négligées! que son maître était plus riche que moi; qu'il n'habitait ma maison que pour se soustraire aux honneurs qui lui étaient dûs;

que, s'il voulait, il pourrait loger dans le Palais impérial, qu'il n'avait besoin de personne pour soigner ses serviteurs, etc.; que sais-je moi, mille autres mensonges dont je n'étais pas la dupe, mais dont je résolus de le convaincre à la première occasion; maintenant, Monsieur, il est trop tard pour que je vous entretienne plus long-temps, j'ai pourtant bien autre chose à vous dire, et désire vous parler encore demain matin; si ma franchise ne vous épouvante pas trop, recevez-moi à dix heures, lorsque je sors de la messe.

— S'il existe quelque chose de plus humiliant pour moi que de semblables détails, interrompit le Comte avec un calme forcé, vous serez le maître de m'en instruire; oui, Monsieur, demain je tâcherai d'avoir assez de courage et de patience pour entendre vos rapports et vos observations, en attendant .....

— Voilà qui est parlé; mais ne vous épouvantez pas trop, le plus amer n'est pas toujours au fond de la coupe ; au revoir, Monsieur, à demain, ce garçon peut aller dans sa chambre, elle est ouverte. »

Le propriétaire sortit alors de l'appartement du Comte, et le laissa avec Durand qui ne pouvait concevoir d'où venait l'état d'abattement qu'il remarquait dans son maître à la suite de cette courte conversation. M. de Surville, après un instant de silence, portant sur son fidèle serviteur des regards obscurcis par les larmes, lui reprocha, avec douceur, l'ignorance où il l'avait laissé des privations qu'il s'imposait pour lui.

« Cette générosité doit avoir un terme, ajouta-t-il ; je ne souffrirai pas plus long-temps de vous voir accablé de tout le poids des maux que seul je dois supporter. Vous m'avez déjà donné de telles preuves de votre dévouement, que, quel que soit le degré de ma prospérité future, je ne pourrais espérer qu'il me permît de satisfaire à mes obligations envers vous; je vous préviens donc que demain je quitterai cette maison, et que je ne vous reverrai que lorsque je serai plus heureux; je ne vous engage pas à retourner dans votre patrie, vous êtes, ainsi que moi, voué à la proscription mais des temps plus calmes peuvent renaître, une amnistie peut rappeller en France une classe de citoyens utile à sa prospérité, saisissez alors le moment favorable, et retournez près d'un vieux père qui, sans doute, déplore votre absence; peut-être pourrez-vous me donner des nouvelles preuves de votre attachement, en portant quelquefois vos regards sur l'orpheline de Surville; si le Ciel me l'a conservée, vous lui apprendrez à chérir un père qui n'existe plus que pour elle : enfin, si le sort cesse de me poursuivre, je retournerai dans ces montagnes, séjour heureux de mon enfance, et alors, Durand, nous ne nous quitterons plus. »

Durand, pendant ce discours, avait été tour à tour en proie à toutes les émotions. La colère se manisfestait dans tous ses traits, en pensant à M. Steffel qui sans doute avait provoqué la résolution du Comte. Au souvenir de son père, quelques larmes s'étaient échappées de ses yeux; mais lorsqu'il pensait que son maître songeait à le quitter, qu'il allait s'exposer peut-être à périr de besoin par suite d'un sentiment d'orgueil qu'il blâmait intérieurement plus que jamais, son sang paraissait se glacer dans ses vaines; s'arrêtant à cette dernière idée, il n'avait pu répondre d'abord à M. de Surville, toutes ses facultés semblaient être paralysées; pourtant il se remit insensiblement, et s'exprima en ces termes :

«Ainsi, M. le Comte, vous allez donc me délaisser dans un pays dont

je ne connais ni la langue ni les usages,
où je n'aurai pas un seul être qui s'in-
téresse à moi, et cela, selon vous, pour
faire une bonne action; ne vous y trom-
pez pas, M. le Comte, c'est de l'ingratitude.

— Durand.....

—Pardon, Monsieur, je sais bien
que nous ne voyons pas les choses du
même œil, aussi faut-il que vous con-
naissiez ma manière de penser. Je n'ai
jamais éprouvé de plus grand bonheur
que celui que je ressens depuis que je
crois vous servir d'une manière vraiment utile; je ne regrettais rien, et
j'espérais tout de l'avenir. Je me voyais
un jour rentrer avec vous dans ces
montagnes dont vous venez de parler;
j'abordais, les bras ouverts, ce vieux et
bon père dont vous avez jadis embelli
l'existence; je lui disais, en le serrant
contre mon cœur : Me voilà de retour,
j'ai rempli fidèlement les devoirs que
vous m'avez prescrits, j'ai bien servi

M. le Comte, et il est content de moi. Avec quel plaisir alors il m'aurait embrassé! avec quelle ferveur il aurait remercié le ciel de lui avoir donné un digne fils! et avec quelle joie il m'eût donné sa bénédiction!...., Il faudra pourtant renoncer à tout cela, parce que M. le Comte est humilié d'avoir un serviteur qui est à la fois jardinier et bûcheron; un serviteur qui n'a pu parvenir à se faire assez aimer de son maître pour qu'il veuille lui pardonner quelques erreurs. Au reste, je ne peux empêcher M. le Comte de suivre sa volonté; bien entendu que je suivrai la mienne à mon tour. Oui, M. le Comte, mon parti est pris; le jour où vous m'abandonnerez, je pars pour la France; je vais porter ma tête aux révolutionnaires, et j'aurai du moins le plaisir de mourir pour la cause que j'avais embrassée, cause qui n'était pas celle des rois, mais la vôtre seule. Dans le cas où les terroristes ne me croiraient pas plus digne de leur colère que vous ne me trouvez fait pour vous servir, ne croyez pas pour cela que je revoie jamais mon père : je ne veux point abréger ses jours en lui montrant un fils repoussé par celui qu'il estime le plus parmi les hommes. Non, j'attendrai loin de lui, dans la tristesse, que le ciel le rappelle dans son sein ; alors j'irai recueillir son héritage pour le rendre à sa source : il tenait ses biens de votre bonté ; mademoiselle de Surville les recouvrera de mon malheur. Ensuite je me joindrai aux soldats de la République ; je viendrai mourir sous le feu de ces Autrichiens qui, par leur indifférence pour nous, vous forcent à me réduire au désespoir. »

Le Comte connaissait Durand capable d'exécuter une telle résolution. Il ne put tenir plus long-temps aux sentimens de reconnaissance et d'admiration que lui inspirait sa généreuse conduite. Il se précipita dans ses bras, et s'écria, en le serrant affectueusement contre son cœur :

« Non, mon ami, non, nous ne nous séparerons pas; je croyais mon âme élevée au-dessus de l'humanité, mais la vôtre seule est digne de son créateur ! Mon cher Durand, quelle leçon pour moi ! c'en est fait, je ne rougirai plus de vous devoir un asile, de.....

— Mon bon maître !..... que voulez-vous dire ? ne suis-je pas à vos gages ? ne dois-je pas faire tout ce qui peut vous être utile ? Que je travaille dans un bois, dans un jardin, ou que je m'occupe du soin de vos écuries, de vos équipages de chasse, c'est tout un : vous me direz peut-être que je ne reçois pas mes gages ; je répondrai à cela que je vous connais assez pour vous faire crédit. Et ! d'ailleurs, cette embrassade que vous venez de me donner de si bon cœur, me paierait de cent ans de services ! quelle joie pour mon père quand il saura cela !

— Excellent cœur ! répartit M. de Surville, en pressant les mains de Durand dans les siennes : cependant, mon cher Durand, ajouta-t-il, je ne veux plus être entièrement à votre charge, il faut m'apprendre aussi à manier la bêche ; je veux à mon tour pouvoir travailler, et vous soutenir dans le cas où votre santé viendrait à s'affaiblir. Je l'avoue pourtant, je ne pourrais plus me décider à porter mon nom ; nous pourrions nous retirer dans quelque village.....

— Franchement, M. le Comte, ceci serait un peu difficile ; l'habitude de retourner la terre ne s'acquiert pas à votre âge ; mais patientez encore, il s'offrira peut-être quelque chose de plus convenable. En attendant, je vais reprendre mon cabinet ; je ne l'avais quitté que pour satisfaire plus promptement à cinq ou six petites dettes, et comme depuis quelque temps j'ai travaillé comme quatre, j'ai gagné comme deux ; demain nous ne devrons plus un sou, et nous augmenterons l'ordinaire d'un peu de légumes : le médecin vous les recommande. Bonsoir, M. le Comte, il est plus d'une heure, tâchez de dormir.

— A revoir, mon cher Durand, à demain.

— Bonsoir, M. le Comte, bonne nuit. »

Durand se rendit effectivement dans son cabinet. M. de Surville chercha de nouveau le sommeil, mais vainement ; les différentes sensations qu'il avait éprouvées revinrent tour à tour agiter ses esprits ; ce fut donc avec la plus vive satisfaction qu'il vit renaître le jour, et qu'il se leva pour attendre la visite de M. Steffel.

CHAPITRE VI.

A dix heures précises du matin, ainsi qu'il l'avait promis, M. Steffel vint se présenter chez le comte de Surville, qui le reçut avec moins de froideur qu'il ne lui en avait témoigné la veille, et pourtant, avec un ton annonçant plutôt le seigneur accueillant un vassal, que l'homme sans ressources ; qui veut se faire un ami de celui qui l'approche. Après avoir pris de la main du Comte, une chaise qui lui était présentée, M. Steffel entra de suite en matière, et fit connaître ainsi ce qui l'avait amené :

« Vous parlez notre langue, Monsieur, cela me fait croire que vous avez déjà quelques connaissances acquises du caractère de notre nation : l'allemand, et surtout l'autrichien, comme je suppose que vous le savez, ne fait pas de phrases pour convaincre de ce qu'il éprouve, ni de promesses, pour attester de son obligeance ; c'est par ses actions qu'il se montre tel qu'il est, et le plus souvent, j'ose le dire, tel qu'il doit être. L'attachement pour vous de votre domestique, et sa fidélité, me font croire que vous êtes honnête homme, et que, lorsque vous étiez heureux, vous avez fait du bien aux autres. Vous êtes aujourd'hui dans le be-

soin ; ce qui m'assure que vous n'entendez rien aux manœuvres de l'intrigue.
Quand nous sommes assez heureux pour
être organisés de la sorte, et assez malheureux pour avoir perdu notre fortune, il ne nous reste que deux alterna-
tives, le travail ou une bonne fluxion
de poitrine qui puisse nous emporter
en vingt-quatre heures. Vous savez que
j'ai amassé une assez jolie fortune, j'en
suis avare, parce qu'elle m'a coûté
beaucoup de peines et de soucis ; n'importe, je puis momentanément en confier une portion à celui qui voudrait
marcher sur mes traces, à l'honnête
homme que je désirerais sauver du besoin, et de son propre désespoir. Voici
donc ce que je vous propose : d'abord,
une avance de trois mille talers, pour
établir un petit magasin de savon dans
le Léopold-Statt ; de plus, tous les ins-
trumens nécessaires à la vente en détail :
enfin, mes conseils, jusqu'à ce que vous
soyez en état d'agir par vos propres
moyens. Cela vous convient-il ?.....

—Je ne puis, Monsieur, que rendre justice à vos bonnes intentions, et vous remercier de votre générosité ; il ne m'est pas permis d'en faire usage.

— Et puis-je, Monsieur, vous en demander la raison ?

— Cette raison ne vous paraîtrait peut-être pas suffisante. La naissance, et ensuite l'éducation , établissent entre les hommes des différences marquées, qu'aucun événement n'a le pouvoir de détruire ; chacune dès classes de la société se présente sur la scène de la vie, avec des sentimens et des préjugés personnels , inséparables du rang qu'elle doit occuper dans le monde. Tout homme ensuite peut se rendre recommandable, il est vrai, en suivant la ligne qui lui est tracée par sa situation. Deux êtres également respectables peuvent avoir acquis l'estime dont ils jouissent, par des moyens diamétralement opposés; l'honneur même, nécessaire à tous, n'existe que par des rapports intimes avec notre position respective : par exemple, vous jouissez d'une réputation intacte, que vous avez acquise, par votre travail, dans le commerce auquel vous étiez destiné ; le comte de Surville, au contraire, déshonorerait son rang et ses ancêtres, s'il pouvait tenter de parvenir à la fortune par les mêmes voies que vous avez parcourues.

— C'est-à-dire, que M. le comte de Surville pense que tout ce qui n'est pas noble, doit être assimilé, confondu, avec les bêtes de somme, à cette seule différence près, que, l'un d'entre nous se distinguant dans sa carrière, l'on dira, voici un bon marchand, un bon mécanicien, un bon ouvrier; au lieu de dire, un bon cheval, un bon bœuf, un bon âne?

— Ce n'est point là ma pensée, M. Steffel, tout état, toute profession, est utile à la société, seulement les hommes doivent s'élever par des moyens différens et toujours en harmonie avec le rang qu'ils occupent.

— Oui, sans doute, et les neuf dixièmes servir le reste en esclaves.

— Non, mais en hommes qui trouvent également leurs bénéfices, l'acquit de leur propre estime, et la considération de tous, dans un loyal emploi de leur temps, emploi conforme au but de leur existence, et à leurs qualités respectives.

— Vous ne me ferez jamais croire que le travail puisse déshonorer un honnête homme ; que diable, Monsieur, croyez-vous que Pierre Alexiovitz n'en valait pas bien un autre ? eh bien, il s'est fait charpentier !

— Ah ! ceci est autre chose, M. Steffel, il s'agissait de l'intérêt de toute une nation ; en maniant la hâche et le marteau, Pierre-le-Grand travaillait à sa gloire et préparait la splendeur de sa patrie.

— Bon ! vous croyez donc que s'il ne se fût agi que de charpenter pour pouvoir vivre, il se serait laissé mourir de faim ?

— C'est ce que j'ignore, du reste ma franchise égalera la vôtre ; j'établis une nuance distincte entre le travail qui s'opère par nos forces physiques, et celui qui naît des petits calculs d'un marchand ; ce dernier doit avoir en lui quelque chose de sordide qui répugne à l'homme d'honneur ; voué aux caprices de toute une population, il n'obtient la fortune qu'à force de petites complaisances ou de courbettes intéressées ; l'ouvrier au contraire, bien que soumis à la nécessité, n'a d'autre but que de vivre, d'autres chaînes que ses engagemens, et d'autres engagemens que ceux qu'il veut prendre : l'ouvrier enfin est le véritable indépendant.

— D'après ce bon calcul, les négocians deviennent non-seulement les derniers sujets du monde, mais encore des êtres dont on ferait bien de se défaire pour la plus grande perfection de l'espèce humaine.

— Il s'agit ici de présenter ses idées, Monsieur, non d'insulter une classe qui en général est utile, ou de proposer une chose absurde et tout-à-fait impossible. Je veux vous dire cependant que la profession que vous me proposez est, sans contredit, la dernière que doive exercer un homme de mon rang.

— A vous dire vrai, ce que vous pensez là ne me surprend pas absolument : la noblesse de mon pays a ces mêmes idées ; je croyais qu'il n'y avait qu'en Autriche où vos semblables trouvaient, dans leurs préjugés ou leur inaptitude, des motifs d'excuser leur paresse ; mais je vois que je m'étais trompé.

— Je vous ai remercié, Monsieur, ainsi que je le devais, des propositions que vous avez cru convenable de m'adresser ; maintenant je vous prie de me faire grâce de vos réflexions, je ne fus jamais disposé à supporter les injures.

— Il vaudrait mieux, Monsieur, ne vous y être jamais exposé; si vous tenez si fort aux respects que vous croyez dus à votre caste, pensez-vous que je doive être insensible au mépris que vous faites de ma compagnie? Non, Monsieur, non, je ne vous ferai pas grâce d'une seule de mes réflexions, et je vous dirai, pour commencer, qu'il est infiniment plus honorable de se livrer loyalement au commerce, et d'être utile au public, eût-on pour lui *de petites complaisances intéressées*, que de vivre aux dépens d'un honnête homme qui se prive de tout pour vous faire exister.

— Définitivement cessez, Monsieur, ou ce même homme, qui n'a pu vous charger de défendre ici ses intérêts, saurait peut-être vous enseigner à respecter celui qu'il honore.

— Eh bien! soit, qu'il vienne, je lui expliquerai, en français, tout ce que je viens de dire en allemand, nous verrons ce qu'il en pensera.

II.

« — Non, Monsieur, non; je veux lui épargner le chagrin qu'il éprouverait de l'insulte que je reçois, et vous sauver vous-même de la satisfaction qu'il pourrait en exiger : ayez seulement la bonté de vous éloigner.

— Oui-da! vous me mettez à la porte, rien de mieux, Durand m'a payé le terme, et vous êtes chez vous; mais je vais voir ce garçon, je lui rendrai compte de la manière dont vous avez reçu mes offres, et, s'il n'est pas le plus sot des animaux, il abandonnera à son mauvais sort et à sa morgue, celui qui craint de compromettre sa dignité en acceptant les moyens qui lui sont offerts d'échapper à son état de misère et d'humiliation.

— Encore une fois, sortez, Monsieur.

— Adieu. » M. Steffel ouvrit alors la porte, que M. de Surville, enflammé de colère, referma précipitamment sur ses talons.

Demeuré seul, le Comte se livra de nouveau aux plus cruelles réflexions ; il avait cependant trop bonne opinion de Durand, pour penser qu'il eût commis l'indiscrétion qui venait de lui attirer les dernières apostrophes de son hôte. L'ancien négociant, en lui offrant d'améliorer sa position, devait être étonné de sa résistance ; du reste, M. Steffel n'avait peut-être pas mis dans son procédé la délicatesse qui doit accompagner la vraie générosité, et le Comte crut avoir, en cette occasion, comme en toute autre, satisfait aux principes qui distinguent un homme de sa naissance. Cette scène se passait, comme on le sait, un dimanche, jour où Durand se reposait des travaux de la semaine ; il était occupé dans son petit cabinet à lire une traduction du vieux testament, lorsque M. Steffel vint le prier de le suivre dans son appartement où tous deux se trouvèrent bientôt réunis devant une table servie d'un bon déjeuner.

« Mettez-vous là, » dit M. Steffel à Durand en lui indiquant un couvert.

— Vous me faites trop d'honneur, M. Steffel, je ne puis.....

— Mettez-vous là, vous dis-je, et ne croyez pas que je fasse un effort sur moi pour vous admettre à ma table; je ne vois entre nous deux qu'une distance établie par la fortune : car vous êtes un honnête homme ; ainsi, que demain il vous tombe quelque héritage d'en haut, nous voilà de paire et compagnons.

— Ce n'est pas non plus parce que je me crois un misérable, que je refuse votre déjeuner, M. Steffel ; c'est tout bonnement parce que je ne suis pas content de vous.

— En voici bien d'un autre ! et que vous ai-je fait, s'il vous plaît ?

— Quel intérêt aviez-vous de vous informer chez mes amis les jardiniers des emprunts que je pouvais faire ? quelle nécessité y avait-il à supposer que ces secours étaient destinés à mon maître ?

et qu'aviez-vous besoin de lui déchirer l'âme en lui disant tout cela comme autant de faits connus et avérés?

— Je vais vous le dire, M. Durand; vous vous rappellez sans doute que déjà plusieurs fois je vous ai offert de reculer les paiemens que je reçois de vous pour les logemens que vous avez loués dans ma maison; j'ai le bonheur d'avoir l'ouïe très-bonne; d'un cabinet voisin de la chambre verte, j'ai entendu vos conversations avec M. de Surville, et il ne m'en a pas fallu davantage pour me faire connaître votre position à tous deux.

— Voilà qui est affreux, M. Steffel, cet abus de confiance est impardonnable.

— Oui, dans le cas où j'aurais de mauvaises intentions à votre égard; mais il n'en est rien, d'ailleurs je n'ai dû ma découverte qu'au hasard qui m'avait conduit dans ce cabinet la veille de Noël pour y choisir des fruits; il est vrai que depuis.....

— Est-ce prouver de bonnes intentions que d'humilier celui qui ne vous demande rien , et qui n'a jamais causé de chagrin à qui que ce soit au monde?

— Doucement ; je ne voulais nullement l'humilier, mais lui faire connaître seulement ce qu'il ignorait : c'est qu'il pouvait l'être réellement en méconnaissant sa situation. Pour avoir le droit de lui ouvrir les yeux, il fallait aussi lui donner les moyens de supporter la lumière ; voilà pourquoi je lui ai offert, il n'y a qu'un instant, à titre de prêt, une somme assez forte pour entreprendre un commerce quelconque, qui le rendît indépendant des secours qu'il peut attendre de vous.

— Eh bien ! qu'a-t-il dit?

— Qu'il refusait.

— Cela ne m'étonne pas.

— La raison?

— Il vous connaît à peine.

— Ce n'est pas là son motif.

— Il peut en avoir de plus grands ; cela ne regarde que lui.

— Il prétend que la noblesse est désho-
norée lorsqu'elle se livre au négoce.

— Cela est possible.

— Le croyez-vous, M. Durand?

— Ecoutez, M. Steffel : chacun est
élevé dans les principes qu'on veut qu'il
suive; rien n'est plus difficile à déraciner
que les premières idées reçues. Il est
bien certain que vous ne feriez pas consentir un brave et bon fermier de mon
pays à faire de son fils un procureur ou
un rat-de-cave; en conséquence, un
noble peut bien ne pas vouloir être
marchand.

— Ainsi, vous approuvez qu'il refuse
mes offres?

— Je n'ai pas le droit de censurer sa
conduite.

— Vous trouverez peut-être aussi
qu'il a bien fait de me mettre dehors de
chez lui, comme si j'étais un banque-
routier?

— Vous l'avez apparemment insulté.

— Je lui ai dit qu'il valait mieux faire

le commerce, que de vivre à vos dépens.

— Eh bien! M. Steffel, il aurait dû
vous faire sauter par la fenêtre.

— Plaît-il?.....

— Oui, Monsieur, vous faire sauter
par la fenêtre, entendez-vous?

— Vous autres Français, vous avez
une singulière manière de remercier
ceux qui vous offrent leurs services.

— Nous autres Français, nous n'ai-
mons pas les impertinens; cessez vos in-
discrétions et vos démarches insolem-
ment officieuses, ou je vous promets de
vous arracher les deux oreilles : comptez
là-dessus, M. Steffel..... Adieu. »

Offensé par le maître et le serviteur,
insulté dans ce qu'il avait de plus cher,
l'orgueil de son état, et ses oreilles,
M. Steffel contraignit son indignation,
et ne fit aucun effort pour retenir Durand. Ses projets étaient sans doute plus
intéressés que bienfaisans; il avait l'intention de faire valoir à sa manière les

fonds dont il aurait fait l'avance, en conservant la haute-main sur les affaires. Nous ajouterons encore qu'il nourrissait dans son âme un secret sentiment de haine contre ceux qu'il appelait les bâtards de Jupiter, ou les nobles, dont plusieurs fois il avait eu à se plaindre pendant la jeunesse de sa défunte épouse.

Presque deux années s'écoulèrent après cette époque, sans qu'aucun changement remarquable survînt dans la position du maître ni du serviteur; ils avaient pourtant changé de quartier, ne voulant plus demeurer exposés aux observations indiscrètes de M. Steffel. M. de Surville s'était décidé à continuer de recevoir les soins de Durand : mais comme celui-ci n'était pas toujours occupé, voulant d'ailleurs concourir à son tour au bien-être commun, il avait changé de nom, et, sous celui de *Vincent*, peignait, au pastel, de petits paysages que, le dimanche, Durand cherchait à vendre dans les rues de Vienne, ou dans les campagnes envi-

ronnantes. Le jour de Pâques-fleuries ,
comme il revenait de l'une de ces courses champêtres, se trouvant encore à
une demi-lieue de la ville, passant devant un joli château, et marchant gaî-
ment en chantant une ronde franche-
comtoise, il entendit une voix l'appeler
de l'intérieur d'un jardin, dont il était
séparé par une longue grille en fer.
S'étant tourné de ce côté , il vit alors le
médecin qui avait soigné son maître,
accompagné d'une dame de cinquante-
cinq ans à peu près, vêtue avec toute
l'élégance d'une jeune coquette, et cherchant à rendre à son maintien la grâce
qui, peut-être, trente ans plus tôt, lui
avait attiré les hommages de nombreux
adorateurs. Le médecin, après avoir fait
entrer Durand dans l'intérieur de la grille,
lui dit :

« J'ai appris de bien belles choses de
vous, mon cher Durand, je vous ad-
mire, quoique M. Steffel ne soit pas de
mon avis : vous êtes un bien digne

homme, et je voudrais, pour toute chose au monde, que vous me permettiez de vous être utile. Madame la Baronne, ajouta-t-il en se tournant vers sa compagne : voilà le Français dont je vous ai parlé il y a quelque temps.

— En vérité! reprit celle-ci, quoi! cet ancien piqueur si dévoué à son maître?

— Oui, Madame; cet ancien piqueur est maintenant jardinier, si vous avez quelque moyen de l'employer, je suis assuré que vous en serez satisfaite.

—Pourquoi non, répondit la Baronne, Péters se fait vieux, il y a long-temps qu'il me demande un aide, et je crois que je ne saurais mieux choisir, cet homme me paraît d'une force à le bien remplacer, au besoin.

— Je crois, Madame, valoir mon pareil, répliqua Durand, en saluant profondément, si vous voulez me mettre à l'essai, je crois aussi que vous n'aurez pas à vous plaindre de ma besogne;

quant à moi, je serai ravi de travailler pour une aussi belle dame.

— Il est fort honnête, ce garçon, reprit vivement la Baronne; venez demain, mon ami, j'aurai peut-être quelque chose de mieux pour vous ; elle se tourna alors d'un air de nonchalance vers le docteur :

— Vous ne voulez donc pas rester ce soir, mon cher M. Lemme?

— Je ne puis avoir ce plaisir, Madame.

— Ainsi vous me conseillez de rester à la campagne, et vous croyez que cela calmera l'éternelle agitation de mes nerfs?

— C'est mon avis, Madame ; cependant il faut vous distraire, voir du monde, faire des promenades.

— Cela est facile à dire, je rencontre si peu de personnes faites pour moi; je me trouve si peu en harmonie avec le reste du monde, que je suis toujours comme isolée dans les cercles les plus nombreux. Ah! docteur, pourquoi votre état me prive-t-il si souvent du bonheur de vous voir ! En vérité, il n'y a que vous qui sachiez m'apprécier;..... votre femme! a-t-elle toujours la fièvre?

— Elle va mieux, Madame, je vous remercie.

—Revenez donc bientôt, j'ai absolument besoin de vous voir. »

Le docteur prit congé de la Baronne, sans répondre affirmativement à son aimable invitation; celle-ci, recommanda à Durand de ne pas oublier de revenir le lendemain, et notre Franc-Comtois, invité à monter dans la voiture de M. Lemme, fut bientôt de retour à Vienne, et près de son maître.

Prudemment, le futur jardinier de la baronne de Winter, avait cru devoir prendre quelques informations sur les goûts et le caractère de cette dame, afin d'éviter tout ce qui pourrait lui déplaire. Il apprit du médecin, tant soit peu babillard, que jadis, mariée contre son gré au baron de Winter, homme assez brutal de son naturel, la sensible Zélie de Schweinfurt, avait eu le bonheur de perdre son époux après deux ans d'hymen. Veuve à vingt ans, possédant une fortune brillante, elle fut bientôt entourée d'adorateurs. Le souvenir des chagrins que lui avait causés son premier mari, son esprit formé par la lecture des romans, et le plaisir qu'elle éprouvait de se voir l'objet de tant d'hommages, lui firent supposer, qu'elle ne trouverait point la félicité dans de nouveaux liens. Elle devint bientôt ce qu'on appelle une femme à la mode; et un peu plus tard ce qu'on nomme une femme du monde, dont la vertu paraît toujours équivoque. Quelques aventures assez remarquables, que la fatuité des uns fit découvrir, et que la jalousie des autres se plut à publier, la rendirent un instant la fable des beaux cercles de sa ville natale, et la contraignirent de quitter le premier théâtre de ses tendres exploits. Elle s'é-loigna donc de la capitale de l'Autriche,

pour voler en France; et, huit jours après
ce départ, elle se trouvait établie dans
un des plus jolis hôtels du faubourg St.-
Honoré, à Paris. Elle se présenta chez
plusieurs de ses compatriotes habitant
cette Cité; se fit introduire dans différentes sociétés françaises, voulut elle-
même donner de petites fêtes. De nouveaux adorateurs s'attachèrent à sa cour,
et de nouvelles aventures, en lui alié-
nant toutes les dames, firent bientôt de
son hôtel le rendez-vous de tous les fats,
ou chevaliers d'industrie de notre capitale. Elle fut pourtant plusieurs mois
sans se douter de sa position, et plusieurs
années avant de vouloir en convenir
avec elle-même, tant elle était abusée
par la flatterie, et par son propre orgueil;
enfin elle crut s'apercevoir d'une certaine diminution dans sa fortune, elle
voulut modérer ses dépenses, et chaque
suppression qu'elle cherchait à opérer
dans les apprêts de ses fêtes, diminuait
le nombre de ses courtisans; elle sentit

dès lors, qu'elle s'était trompée en voulant ne s'en rapporter qu'à elle seule du soin de son bonheur : cherchant, parmi ceux de ses habitués, les hommes qui, attirés chez elle par le désœuvrement ou le goût des plaisirs, occupaient cependant un certain rang dans le monde, elle fit entendre le mot *mariage* et tout le charme disparut. Abandonnée de tous ses adorateurs, livrée au ridicule, presque ruinée, elle se trouva bientôt isolée. Mais, née avec un cœur trop sensible, elle avait besoin d'émotions; elle se fit dévote, et ensuite religieuse. La révolution française vint au secours d'un tardif repentir, et madame la Baronne vit avec joie se briser les chaînes qu'elle s'était imposées. Ayant quitté la France, de retour dans sa patrie, elle retrouva une fortune considérable..... ce n'était point assez,..... ses attraits étaient flétris; on conservait d'autant mieux le souvenir de ses erreurs qu'elle n'avait pas renoncé entièrement à ses prétentions, et l'arme du ridicule la poursuivait encore jusque dans la retraite isolée qu'elle s'était choisie sur les bords du Danube. Nous terminerons ce portrait, en ajoutant qu'elle était d'ailleurs, comme toutes les femmes de cette espèce, bonne par essence.

Durand avait cru inutile d'entretenir son maître de ces différens détails. Le lendemain de bonne heure il se rendit au château de la Baronne, et attendit le lever de cette dame en travaillant avec le vieux jardinier; il avait d'abord gagné l'amitié de cet homme en lui donnant une bouteille de Schnaps (1) dont il s'était muni pour la lui offrir en forme de présent d'introduction. Onze heures étaient sonnées lorsque la châtelaine fit demander si quelqu'un ne s'était pas montré dans le jardin pour aider son jardinier; sur la réponse affirmative du vieux valet chargé de cette mission,

____

(1) Eau-de-vie de grains.

elle fit inviter Durand à se rendre dans son appartement, et Durand obéit. La ci-devant jeune femme, vêtue d'un élégant négligé, le reçut assise ou plutôt à demi étendue sur son ottomane.

« Bonjour, mon ami, prenez un siége.

— Vous êtes trop bonne, Madame, je ne dois pas me permettre.....

— Asseyez-vous, je vous prie ; votre taille est si haute, que je suis obligé de lever la tête pour vous parler, et je suis si souffrante.....

— Oh ! dans ce cas, madame la Baronne, je me coucherai si vous le voulez, répondit Durand en s'asseyant à une grande distance de Zélie.

— Approchez-vous, je ne pourrais non plus parler assez haut pour me faire entendre de si loin.

— Tout ce qu'il vous plaira, madame la Baronne. » Et Durand vint se placer à deux pieds de l'ottomane.

—Vous voulez donc bien vous attacher à ma maison ?

— Surtout, Madame, à votre personne, si vous permettez que tous les
soirs, je rentre chez moi, pour y remplir d'autres devoirs dont je ne puis me
dispenser.

— Et quels sont ces devoirs ?

— Pardonnez, Madame, si je garde
un secret qui n'est pas seulement le
mien......

— Seriez-vous marié ?

— Non, Madame.

— Vous êtes peut-être amoureux ?

— Encore moins, Madame.

—Ah! je me rappelle que le docteur
m'a dit..... c'est cela, vous avez de la
discrétion, je ne puis vous en blâmer;
gardez votre secret. Assurément, je ne
veux pas vous rendre esclave, vous sor-
tirez toutes les fois que vous le trouverez convenable. Mais je voudrais vous
donner au château un autre emploi que
celui de jardinier; votre caractère m'ins-

pire beaucoup d'intérêt. Quel dommage que nous ne soyons pas autorisés, nous autres gens de condition, à avoir, comme jadis, des hommes d'armes à notre suite! il nous était possible, en quelque sorte, d'anoblir celui qui nous servait en cette qualité..... Je suis certaine que vous seriez parfaitement sous l'habit militaire: vos traits, votre stature, votre ton de franchise, me rappellent ces fameux héros de Charlemagne qui, d'un seul coup de leurs lourdes épées pourfendaient en deux le cavalier, la selle, et le cheval, bien que le tout fût bardé d'acier.

— Vous me faites beaucoup d'honneur, madame la Baronne, il est bien sûr que si j'étais obligé de donner un coup de trique ou de sabre à quelqu'un, il pourrait s'en apercevoir; cependant je ne crois pas être de force à couper tout ce que vous dites là, d'un seul coup, à moins qu'il ne s'y mêle un peu de magie.

— C'est précisément cela qui faisait triompher ces vaillans paladins.

— Alors permettez à Durand de vous dire, madame la Baronne, qu'ils n'avaient pas grand mérite à être braves.

— Oui, c'est ce que l'on a dit avant vous, mais revenons à ce que vous pourriez faire de mieux que de soigner un jardin.

— Tout ce qu'il plaira à Madame. Par exemple, si Madame avait besoin d'un garde-chasse.

— Oh ! c'est délicieux, vous auriez alors l'habit tout-à-fait militaire ; Garde général de toutes mes propriétés !..... Ulrick ! Ulrick ! sonnez, Durand, je vous prie. Le voilà..... Ulrick, prenez un cheval, courez à Vienne ; mais non, prenez la chaise de poste et amenez-moi le meilleur tailleur que vous pourrez trouver. En vérité, il me tarde, Durand, de vous voir dans votre nouveau costume. A propos, Ulrick, achetez un beau fusil double, un sabre de chasse

monté dans une poignée bien sculptée;
un beau ceinturon. Mais non, M. Durand
va partir avec vous; faites atteler la
calèche, il choisira lui-même tout ce
qui lui convient, seulement que le tout
soit à la mode, et du meilleur goût :
n'épargnez rien, je payerai les mémoires
sur-le-champ. Partez. »

CHAPITRE VII.

Ulrick, ancien domestique de la mère
de madame Zélie Schweinfurt de Winter, âgé de soixante-dix ans, était en
quelque sorte factotum de la maison;
né dans la famille lui-même, il avait
aussi vu naître sa maîtresse, et connaissait ses qualités et ses défauts; la longue
absence qu'elle avait faite de son pays,
son séjour au couvent, rien n'avait
changé ses goûts ni son humeur; ses
traits seuls n'étaient plus les mêmes. En
homme qui connaît son monde, Ulrick

vit sur l'heure que Durand allait devenir un être important ; en conséquence, il commença par s'occuper du soin de lui plaire, et, comme Durand devenait toujours très-bon humain quand on lui témoignait de l'intérêt, l'un et l'autre étaient tout-à-fait amis lorsque la calèche, arrivée à Vienne, s'arrêta devant la boutique de M. Schneider-Schpitz, tailleur famé dans cette capitale; Ulrich fit sur-le-champ prendre mesure à son compagnon d'un habit de chasse dans le goût le plus moderne; cinq ou six autres artisans furent également appelés à concourir à la métamorphose du jardinier; il fallait surtout confectionner ces commandes dans le plus bref délai, et ne rien épargner pour les rendre dignes de leur destination.

Trois jours après, Durand se présenta chez la Baronne, dans sa grande tenue, pour lui demander ses ordres ; celle-ci parut frappée de l'heureux chan-

gement qui s'était opéré dans la conte
nance et dans les manières de son protégé : elle ne put s'empêcher de lui en
témoigner son étonnement. « En vérité,
Durand, j'ai cru voir apparaître le fameux Amadis, le courageux Roland,
ou l'intrépide Renaud de Montauban ;
vous avez réellement très-bon air sous
cet habit.

— Madame la Baronne est bien in-
dulgente ; ce n'est pas que je croie être
mal ; car lorsque j'étais piqueur, on m'a
souvent pris pour un gentilhomme.

— Ma foi, je m'y serais trompée moi-
même ; mais êtes-vous bien sûr que
vous ne descendez pas de quelque il-
lustre origine ?

— Je sais que mes ancêtres ont été
laboureurs, voilà tout.

— Cela ne dit rien, il y a des familles
qui, par l'effet des révolutions politiques, sont déchues de leur rang ; cela
ne détruit pas la noblesse du sang qui
remplit leurs veines.

— Cela est vrai, Madame, cependant je ne crois pas.....

— Attendez donc, le nom de Durand ne viendrait-il pas de Durandale?

— Qu'est-ce que c'était que M. Durandale, madame la Baronne?

— L'épée du terrible Roland.

— Ah! ah! ah! la bonne plaisanterie! reprit Durand, en riant aux éclats; bien certainement, Madame, la première épée du monde sortirait et rentrerait bien des fois dans son fourreau, avant de produire un gaillard comme votre serviteur.

— Vous ne m'entendez pas, répliqua la Baronne, en se mordant les lèvres pour ne pas éclater à son tour; je veux dire que l'un de vos aïeux pourrait être celui auquel le paladin crut devoir léguer son épée, lorsqu'il périt à Roncevaux, le reconnaissant ainsi comme le chevalier le plus digne de la porter; ce qui dès lors vous en aurait conservé le nom : *le chevalier de Durandale.*

— Pour être bien sûr de cela, il faudrait voir le testament de M. Roland; pourtant mon père possède une vieille flamberge qu'il garde comme une relique, et qui doit avoir appartenu à un vigoureux compagnon; mais elle a été trouvée dans une caverne de nos montagnes il y a plus de cent ans (1).

— De quel pays êtes-vous?

— Des montagnes de la Franche-Comté, Madame.

— C'est précisément cela, près de la Suisse, et non très-loin de Roncevaux : voici la chose, on a voulu vous en faire accroire pour détruire en vous l'orgueil de votre race. Il est bien certain que cette dague, que vous prenez pour une flamberge, n'est autre que Durandale, donnée par Roland lui-même à votre aïeul, son contemporain, qui aura fini par s'établir près des contrées où le neveu

___

(1) Beaucoup de paysans francs-comtois possèdent de pareilles reliques.

de Charles-le-Magnanime a terminé ses nombreux exploits. Allez, mon cher, vous êtes noble; ainsi définitivement, je vous appellerai le Chevalier Durand, et je vous prie de ne pas me contredire.

— Dans le fait, si cela peut vous faire plaisir, je ne vois pas pourquoi je refuserais ce titre, qui certainement en vaut bien un autre : d'après cela vous avez un garde-chasse gentilhomme?

— Garde-chasse! fi donc! vous êtes grand louvetier.

— Cela vaut donc mieux?

— Sans contredit, cet emploi ne s'accorde qu'aux gens titrés.

— Cela rapporte-t-il beaucoup d'argent?

— C'est selon les facultés de celui qui nomme à cette dignité; chez moi, par exemple, il vous vaudra deux mille francs par an, et ma table.

— N'en dites pas davantage, madame la Baronne, vous me feriez perdre la tête;..... ô mon cher maître!.....

— Que dites-vous?

— Rien, Madame, je pense que vous êtes si bonne! si généreuse!..... permettez-moi d'aller passer deux heures à Vienne.....

— Passez-y la journée, si cela vous convient, Chevalier; mais revenez demain de bonne heure.

— Chevalier!..... deux mille francs!..... votre table!..... Ecoutez, Madame, soyez sûre que je ne prendrai de tout cela que juste ce que j'en aurai besoin, et que je n'oublierai jamais que c'est à vous que je le dois;..... dites, Madame, est-il permis à un chevalier comme moi de baiser la main à une baronne comme vous?

— C'est une faveur, répliqua madame Zélie, en hésitant un peu, qu'une souveraine daigne parfois accorder à ses sujets, ainsi,..... ajouta-t-elle en lui tendant la main.

— Ainsi, reprit vivement Durand, en y appliquant ses lèvres à plusieurs reprises, je vous remercie un million de fois de m'avoir fait Chevalier. »

La Baronne ayant retiré sa main, il la salua profondément, et se disposait à partir, lorsque le rappelant, elle lui remit une bourse contenant vint-cinq carolus (1), en lui disant que c'était une avance sur ses appointemens, et, comme un louvetier ne doit pas voyager comme un homme ordinaire, elle exigea qu'il se fît seller un cheval. Durand, pénétré de tant d'égards, porta sur elle des yeux où se peignaient à la fois le plaisir et la reconnaissance, et sortit pour aller revoir son maître.

M. de Surville avait repris un peu de sérénité; il n'était plus entièrement à la charge de son ancien piqueur : le travail, en lui rendant le repos nécessaire, lui procurait des nuits exemptes d'agitation, et sa santé s'était rétablie avec

______

(1) Pièces d'or de la valeur environ d'un ancien louis de France.

l'activité de son esprit. Il était paisiblement occupé à dessiner un paysage re-
présentant un site des monts où s'étaient
écoulées ses premières années, lorsqu'après avoir entendu un cheval s'arrêter sous sa fenêtre, il vit entrer Durand vêtu de son élégant uniforme, et
la figure rayonnante de joie.

« Me trompé-je! s'écria le Comte,
est-ce bien mon cher Durand que je vois
sous de tels habits?

— Oui, M. le Comte, c'est lui, et toujours votre fidèle serviteur, quoiqu'il
ait maintenant deux mille francs d'appointemens, quoiqu'il soit devenu louvetier, Chevalier, et petit-fils de Durandale, nièce de Charlemagne. »

Le Comte ne put s'empêcher de sourire à ce début dont il ne pouvait prévoir la suite; mais enfin Durand lui
raconta promptement l'histoire de sa
bonne fortune, jusqu'au moment qui le
ramenait devant lui. M. de Surville,
après s'être assuré que madame de

Winter jouissait de toute sa raison, félicita Durand de cette heureuse aventure, et lui conseilla de s'attacher particulièrement à mériter les bonnes grâces de sa nouvelle protectrice.

« C'est aussi mon intention, lui répliqua Durand, mais j'en ai encore d'autres. Maintenant que me voilà riche, j'espère que vous voudrez me permettre de vous prêter chaque année une somme suffisante à vos besoins, et que vous renoncerez à ce travail que vous n'avez entrepris que parce que nous ne pouvions mieux faire. Vous vous rappelez bien que vous m'avez promis de me traiter toujours avec bonté, de me soigner même si j'étais malade, de me fournir les moyens de reparaître glorieusement aux yeux de mon bon vieux père ; voici l'occasion de m'accorder la plus grande faveur que je puisse espérer au monde : consentez, sans vous faire prier, à contracter une dette envers votre serviteur ; c'est alors qu'il se croira dignement récompensé de son zèle, et de son amour pour vous ; c'est alors qu'il se croira cent fois plus honoré que s'il était réellement le descendant de Durandale. »

Après s'être d'abord attendri de cette éloquente prière, le Comte faillit pouffer de rire à cette conclusion ; il reprit pourtant son sérieux pour répondre convenablement au nouveau Chevalier.

« Mon cher Durand, je connais votre cœur, je ne doute pas du plaisir que vous ressentez à m'obliger : vous devez à votre tour vous attendre à la plus grande franchise de ma part. Je dois donc vous dire, mon ami, que le travail m'est, à présent, d'une absolue nécessité : sans reconnaître d'ailleurs de quel avantage il peut être dans ma situation, je dois encore considérer qu'il m'a procuré une meilleure santé, l'oubli d'une partie de mes peines, ainsi que le bonheur d'espérer une véritable indépendance. Vous voyez, Durand, que je serais injuste envers le Ciel qui m'a sans doute inspiré cette résolution, si je pouvais y renoncer en ce moment ; j'ajouterai même que, jusqu'à ce que le sort me ramène au sein de ma patrie, près de l'orpheline que des circonstances trop cruelles m'ont forcé d'abandonner, recouvré-je ma fortune entière, je ne m'abstiendrai pas de ce précieux travail auquel, jusqu'à ce jour, j'ai dû les plus doux instans de mon exil. Surtout, mon ami, croyez qu'il n'entre dans ce refus nul sentiment qui ne soit d'accord avec mon attachement pour vous ; croyez que si par un événement que je ne puis prévoir, j'étais privé de cette ressource, condamné à l'inaction, je ne balancerais pas un seul instant à vous prouver que je ne saurais rougir de vous devoir jusqu'à ma subsistance. Ainsi, mon bon Durand, ne parlons plus de cela, car je ne veux pas même vous remercier de vos intentions.

— C'est fort bien, M. le Comte, reprit tristement Durand ; puisque vous voulez absolument vous occuper, je n'ai rien à répliquer; mais que vais-je faire de tout mon argent?

— Des économies pour l'avenir.

— Oui, pour manger, quand je n'aurai plus de dents.

— Eh! mais vous ne songez pas, Durand, qu'il nous en faudra beaucoup pour retourner en France.

— Nous avons le loisir d'y songer; vous vous êtes refusé à profiter de l'amnistie du 6 novembre (1) et nous ne devons en espérer une nouvelle de longtemps.

— Je ne pouvais, Durand, accepter ce que l'on m'offrait comme une grâce, ni rentrer dans un pays qui se refuse à reconnaître la légitimité de nos droits et de ses princes.

— Oh! quant à cela, M. le Comte, vous savez mieux que moi ce que vous avez à faire, de mon côté, je n'ai ja-

____

(1) 1796.

mais eu de regret de vous avoir imité. »

Le Comte et Durand s'entretinrent encore quelque temps des affaires politiques et de leurs espérances ; un bon dîner, commandé par Durand, changea le sujet de ce dialogue, la nuit y mit un terme, et le lendemain le nouveau gentilhomme retourna à la cour de sa souveraine.

Chaque soir le louvetier et son cheval revenaient à Vienne, et chaque aurore les voyait sur la route du château de Winter. Durand était définitivement devenu le favori de la Baronne. L'isolement où elle se trouvait, le défaut de toute autre société, excepté celle du docteur dont les visites étaient assez rares, lui avaient rendu nécessaire la présence du chevalier qu'elle avait créé. Il assistait à toutes ses délibérations, l'accompagnait dans toutes ses promenades, et jouissait, après elle, de la plus haute considération dans toute l'étendue des domaines soumis à sa surveillance. Durand connaissant les aventures de la châtelaine, n'essayait jamais d'obtenir des aveux qui auraient pu l'humilier ; cependant, comme ces mêmes aventures l'avaient depuis plusieurs années bannie de la société, il crut entrevoir un moyen de lui faire en quelque sorte racheter une partie de l'estime dont elle s'était privée, et la conduisit insensiblement à se signaler par des actes de bienfaisance, tels, que son nom volant bientôt de bouche en bouche, la rendit au bout de quelques mois l'objet de l'admiration publique. Déjà plusieurs cultivateurs incendiés, ou ruinés par un orage, avaient été rendus, par elle, à une honnête aisance ; des négocians privés de toutes ressources, par suite des abus qu'on avait faits de leur confiance, s'étaient vus rétablis dans leur commerce. Deux gentilshommes de son voisinage n'ayant pu suffire aux dépenses de leurs enfans, après avoir répondu pour eux, allaient être chassés de leurs propriétés par des créanciers avides, et traînés dans les prisons; la Baronne les rendit à l'honneur, et sauva les débris de leur fortune des convoitises de l'usure. Comme la méchanceté aime toujours à envenimer les actions condamnables, ainsi la renommée se plaît quelquefois à donner du relief aux bienfaits, et à en accroître le nombre : aussi madame la Baronne devint-elle bientôt l'objet de l'estime générale. Plusieurs de ses parens qui, depuis long-temps, avaient cessé tout commerce avec elle, vinrent se faire inscrire au château; plusieurs poëtes lui adressèrent de flatteuses épîtres, et le Journal de la Cour publia à sa louange un article remplissant deux colonnes entières.

La fortune de madame la Baronne avait un peu souffert de ces libéralités ; mais il lui restait encore environ vingt-cinq mille livres de rentes et, ce qui valait peut-être autant, le retour de toute sa gaîté, l'oubli de ses maux de nerfs et une satisfaction intime qu'elle n'avait jamais éprouvée.

Telle était la situation de madame de Winter après dix-huit mois de résidence au château, de notre ami Durand; il est sans doute à propos de faire connaître à nos lecteurs jusqu'à quel point cette bonne et sensible dame avait apprécié le chevalier de sa création pendant ce laps de temps; mais avant tout nous devons rendre compte d'une rencontre que fit Durand à cette époque :

Un jour qu'il revenait de passer la nuit chez son maître, et que, monté sur un beau cheval alzan doré, il était sur le point de franchir la porte de la ville, un mendiant s'approcha de lui, en tendant son chapeau ; ce malheureux paraissait tellement souffrant, était si mal vêtu, que Durand, bien qu'il comprît à peine le langage dont il se servait; langage qui n'était autre que du français germanisé, comme on l'emploie quelquefois au théâtre, ne put résister à sa prière, et s'arrêta pour lui donner une pièce de monnaie.

« Est-il possible ! s'écria tout à coup le mendiant, en se frottant les yeux, ne me trompé-je pas ? non, c'est bien lui, c'est Durand !.....

— Dieu me pardonne, répliqua ce dernier, en considérant celui-ci avec attention, je crois que je vois l'ombre de M. Germain ?.....

— Hélas ! il n'est que trop vrai, c'est moi-même.

— Et par quel hasard vous trouvez-vous à Vienne ?

— J'ai été fait prisonnier de guerre par mon cheval.

— Je ne vous comprends pas, est-ce que vous étiez devenu militaire ?

— A Dieu ne plaise ! mais cela n'y fait rien, je n'en ai pas moins été pris, et je ne suis libre que parce que je n'avais pas les armes à la main. »

Durand, après s'être assuré de l'existence et de la situation de son père, de celles de mademoiselle de Surville et de **M. Robert**, fit placer Germain en croupe pour le transporter au château.

Le louvetier apprit, pendant ce court trajet, une partie des détails déjà connus du lecteur, ainsi que la manière dont Germain avait quitté l'armée française. On se rappelle que Georges lui avait donné un cheval pris sur les Autrichiens, et dont la bouche était très-dure. Forcé à Glaris d'accompagner notre cavalerie dans une charge qu'elle fit sur les cosaques de Suvarow, ce cheval, en dépit de son cavalier, était venu prendre rang dans les troupes ennemies, et les avait suivies dans leur fuite. Germain, d'abord placé au nombre des prisonniers, n'était parvenu à faire connaître qu'il n'appartenait pas à l'armée qu'étant arrivé à Vienne, où, depuis quinze jours, il vivait à demi des aumônes que lui faisaient les passans peu généreux.

En rentrant au château, Durand

pria Ulrich de donner une chambre à son compatriote pour quelques jours, et de veiller à ce qu'il ne manquât de rien. Comme Ulrich aimait beaucoup Durand, il n'eut pas de peine à remplir ses intentions, et notre dernier venu, exténué de faim et de froid, fut bientôt restauré et revêtu de nouveaux habits. Écoutons maintenant la conversation de la Baronne et de son ami Durand ; songeons, en même temps, qu'ils ne se sont presque pas quittés depuis dix-huit mois : Durand vient de rendre compte à la Baronne de sa rencontre avec Germain, en lui demandant ses bontés pour ce malheureux.

« Sans doute, il faut avoir soin de lui ; j'espère, mon ami, que vous avez donné des ordres à cet effet.

— Oui, Baronne.

— Toujours Baronne ?

— Non, Madame......

— Encore !

— C'est qu'en vérité.....

— Ah! vous n'êtes pas aimable, mon cher Durand; ne m'avez-vous pas promis hier de me nommer tout simplement Zélie?

— Oui, mais cela me paraît bien court, avec une personne de votre rang.

— Vous êtes chevalier, Durand, vous n'en doutez plus, je pense?

— Vous me l'avez tant répété que je finirai par le croire.

— Supposez-vous que, si je n'en avais été persuadée moi-même, j'aurais...... Je m'imagine que vous ne me jugez pas assez défavorablement pour croire.....

— Moi, Madame, je m'en garderais bien.

— Vous avez encore dit *Madame*, et cela me fait de la peine, mon ami.

— Eh bien! donc, Zélie, puisque vous le voulez, je vous dirai que je vous juge très-bien, et que je suis persuadé que votre bonté est votre plus grand défaut.

— S'il est vrai que j'eus quelquefois

à me plaindre de cette même bonté, mon ami, je me trouve heureuse de ne point m'en être corrigée; grâce à vous, ce prétendu défaut est tourné totalement à mon avantage. Je n'avais besoin que d'être bien dirigée, et le soin de me guider ne pouvait appartenir qu'à l'homme que j'estimerais. Pouvais-je mieux rencontrer! ne m'avez-vous pas donné toutes les preuves du plus sincère dévouement! ne vous dois-je pas l'estime qui m'est rendue et les seuls plaisirs que j'ai goûtés depuis si long-temps! je n'ai plus qu'un seul regret, c'est que vous vous refusiez encore à accepter le contrat de substitution de mon domaine de Hongrie..... finirez-vous par me céder?

— Oh! quant à cela, Mad...., Zélie, c'est impossible; vous m'avez rendu assez riche : tout ce que j'ai pu faire pour vous, se trouve plus que payé.

— Pouvez-vous ravaler ainsi les importans services que vous m'avez rendus?

— Oui, ils sont jolis les services! je vous ai fait dépenser un capital de trois cent mille francs !

— Aussi ne puis-je sortir de chez moi sans entendre les bénédictions du pauvre que j'ai rendu au bonheur. A propos, deux de mes beaux-frères sont encore venus s'inscrire ; de plus, la comtesse de Kremer, cette femme si prude et si dévote. J'ai aussi trouvé sur ma liste le nom d'un Commandeur du St.-Sépulcre, jadis le premier de mes détracteurs, et qui a paru fort surpris, d'après ce que dit Ulrich, de ce que je ne recevais pas. Au reste, pensez-vous, mon ami, que je puisse maintenant provoquer quelques réunions chez moi ?

— Sans doute..... Zélie, vous êtes la maîtresse d'agir comme bon vous semblera ; mais, sur ce que je puis supposer, il serait mieux de retarder encore l'admission de vos visiteurs : le plus grand nombre n'est conduit chez vous que par la curiosité ; on veut voir la différence qui existe entre la veuve, jeune, aimable, étourdie, charmante, tant soit peu coquette, et madame la baronne de Winter, sage, bienfaisante, entourée des respects et de l'amour de tout ce qui l'approche.

— Eh bien! mon ami, cela ne serait pas une chose si mauvaise à montrer aux gens.

— Sans contredit; mais, à moins que vous ne consentiez à sacrifier le reste de votre fortune, en bals, en fêtes, en festins, vous les verriez tous disparaître aussitôt que leur curiosité serait satisfaite; tandis qu'en ce moment, il ne vous reste aucune inquiétude: vous avez les preuves écrites de l'estime que l'on fait de vous; pourquoi ne vous donneriez-vous pas l'innocent plaisir de tourmenter à votre tour ceux qui, dans un autre temps, ont mieux aimé vous accabler de leurs airs d'importance, que de vous donner les conseils de l'amitié?

— Vous avez raison, mon ami; je suivrai toujours vos avis. Je le dois, je le veux,...... ainsi que je vous l'ai déjà dit, vous seul êtes fait pour me guider ; ah ! quel dommage que vous ne m'ayez pas été présenté trente ans plus tôt !

— Eh ! Madame......

— Comment avez-vous dit ?

— Bon. Zélie, veux-je dire ; vous auriez à peine remarqué le pauvre Durand.

— Pourquoi le supposez-vous ?

— Par une raison toute simple : d'abord je n'avais pas plus de six ans à cette époque ; après cela en eussé-je possédé vingt-cinq, madame la baronne de Winter, livrée aux plaisirs du monde, fière de sa naissance, de sa fortune, et de sa beauté, n'aurait vu en moi que son très-humble serviteur.

— Vous croyez donc qu'alors j'étais incapable d'apprécier le mérite ?

— Vous m'avez dit vous-même que vous aviez été souvent trompée, et d'ailleurs mon mérite à moi n'est pas du nombre de ceux qui s'aperçoivent de

loin. Je suis, selon toute apparence,
entré chez vous dans le moment le plus
convenable : vous étiez séquestrée du
monde entier, vous aimiez à parler la
langue française, j'étais toujours seul
auprès de vous, et je ne pouvais craindre les comparaisons....

— Ah ! ne parlez pas ainsi ! Maintenant
croyez-vous qu'il me serait possible de
vivre, privée du bonheur de vous voir ?

— Je ne sais pas positivement ; cependant si les émigrés devaient retourner
en France, je serais forcé de vous quitter.

— Auriez-vous donc vraiment cette
cruauté ?.....

— Je ne pourrais m'en dispenser.

— Vous ne m'aimez donc pas ?

— Vous savez bien que si ; mais j'aime
aussi mon père ; je voudrais le revoir
avant que le Ciel me l'enlevât pour toujours.

— Eh bien ! n'importe, Durand, je
vous promets que rien ne pourra me
séparer de vous ; si vous retournez en

France, j'abandonne l'Autriché et je vais m'établir dans vos montagnes.

— Oh! ce n'est pas pour le vanter, mais mon pays vaut bien celui-ci, quoique le Doubs ne soit pas aussi large que le Danube; pourtant je ne vous conseillerais pas de venir l'habiter : la vivacité de l'air y est funeste à ceux qui ont, comme vous, habité les plaines pendant un certain temps.

— Je ne crains aucun danger; si je succombe j'aurai du moins la consolation de ne vous avoir quitté qu'au dernier moment de ma vie.

— La belle avance !

— Vous aurez mon dernier soupir.

— Cela ne me consolera pas de vous voir mourir.

— Je vous léguerai toute ma fortune.

— Je n'en ai pas besoin; mon père est à son aise, et je suis élevé au travail.

— Vous ne voulez donc pas que je vous suive ?

« — Vraiment,..... je ne vous le conseille pas.

— Durand, vous serez cause de quelque malheur !

— Bah !.....

— Oui, je me tuerai.

— Tout de bon?.....

— A l'instant même, vous allez le voir. »

En prononçant ces mots, la Baronne se précipita vers la croisée qui était ouverte, et faisait mine de vouloir la franchir, lorsque Durand, l'ayant saisie à bras-le-corps, elle perdit connaissance. Il la transporta aussitôt sur l'ottomane où, à l'aide de quelques spiritueux qui se trouvaient sur la cheminée, il chercha promptement à lui faire reprendre ses sens. Plus d'une demi-heure s'écoula avant qu'il pût y parvenir, et lorsqu'il croyait y avoir réussi, une violente attaque de nerfs vint succéder à cet état de langueur; Durand, épouvanté de sa situation, se décida à sonner sa femme de chambre. La Baronne s'étant aperçue de son mouvement, se leva précipitamment et parvint à l'arrêter avant qu'il eût exécuté ce projet.

« Qu'allez-vous faire, Monsieur, voulez-vous que mes gens soient témoins... »

Durand, confondu de ce changement subit, fut un instant sans pouvoir proférer une seule parole; enfin, après s'être assuré qu'il ne rêvait point, il convint de ses torts, et tout nous porte à croire qu'il parvint à les réparer.

CHAPITRE VIII.

La Suisse et les Grisons étaient devenus, d'après une expression employée par tous les militaires, *une mer de feu*; les généraux Mortier, Oudinot, Muller et Lecourbe, y combattaient avec gloire contre les armées nombreuses de Souvarow, de Hotze, de Korsakow, de Jellachich et de Linhen. Les journées de Gla-

ris et de Zurich avaient été décisives :
elles assuraient le triomphe des phalanges républicaines sur les hordes du Nord.
Dans un de ces derniers combats, notre
héros de dix ans s'était encore vu abandonné de son surveillant, M. Germain,
ainsi que nous l'avons fait connaître dans
le chapitre précédent. Piquant alors des
deux, et le pistolet au poing, le jeune
Charles s'était élancé vers le régiment de
hussards dont il faisait en quelque sorte
partie, et l'avait atteint à l'instant où son
Colonel venait de commander une deu-
xième charge sur les cosaques qui s'é-
taient avancés de nouveau sur nos troupes ; cette charge fut des plus vigoureu-
ses ; mais l'avantage en fut disputé :
l'ennemi, enhardi par ses forces supérieures, l'attendit de pied ferme, et la
mêlée devint sanglante. Au milieu du
désordre et du fracas causés par ce choc,
Georges aperçut son élève qui, après
avoir abattu de son coup de feu un officier Russe, était sur le point d'être en-

touré d'ennemis, et livré à leur ressentiment. Prompt comme l'éclair, Knopf
fond sur ces adversaires, et en culbute
plusieurs; d'autres se présentent et sont
de même sacrifiés à la défense de Charles, qu'il voudrait, mais en vain, éloigner du combat, et qui, ayant tiré son
sabre pour la première fois, désire es-
sayer ses forces contre de vieux soldats.
Enfin, Georges lui ayant fait un passage, lui ordonne de fuir.

« Je te suivrai, s'écria Charles, sauve-
toi le premier.

— Si tu ne pars, répond Knopf, avec
colère, je me laisse tuer par ces ca-
nailles.

— Je ne te quitte pas. »
A peine avait-il prononcé ces mots,
que Georges, atteint au front d'un coup
de carabine, est renversé de son cheval;
quelques hussards accourus sur ce point
mettent au même moment les cosaques
en fuite, et sauvent ainsi Charles de leur
fureur. Rien ne peut exprimer le déses-

poir de ce jeune héros à la vue de son ami étendu sans mouvement au milieu des ennemis qu'il avait renversés; il fit retentir l'air de ses cris en s'accusant d'être la cause de sa mort. Il était près de remonter sur son cheval pour aller, disait-il, se faire tuer à son tour, lorsqu'il crut apercevoir dans Georges quelques signes de vie : il desserra promptement le col du Maréchal des logis, et ouvrit son dolman, afin qu'il respirât plus librement. Sur ces entrefaites, Bernard, ramenant le cheval du blessé, arriva près de lui, mit pied à terre, lui fit prendre une partie de l'eau-de-vie que contenait sa gourde, ouvrit ensuite un porte-manteau, dont il tira un mouchoir de toile qu'il arrosa de cette liqueur et en fit un bandeau pour entourer le front de son ami. La douleur causée par cette application sur les chairs vives, provoqua à la fois un mouvement et un gros juron de la part de Georges ; Charles y répondit par un cri de joie. Peu d'instans après Knopf rouvrit les yeux, sourit en apercevant son jeune ami, lui tendit les bras, et le serra affectueusement sur sa poitrine.

« Je n'étais qu'étourdi, mes amis ; il ne fallait pas quitter le combat ; Bernard, votre attachement pour moi peut nuire à votre réputation.

— Rassurez-vous, répliqua celui-ci, la victoire est décidée depuis long-temps ; c'est d'ailleurs le Colonel qui m'envoie auprès de vous ; il n'a pas encore oublié que vous lui avez sauvé la vie, il y a environ une heure.

— Est-ce que la balle est restée ?

— Elle a filé entre le cuir et l'os du crâne jusque derrière votre tête, il sera facile de l'extirper. Si vous pouvez vous soutenir à cheval, nous allons nous rendre à l'ambulance qui doit s'être rapprochée d'autant que l'ennemi s'est éloigné d'ici. Quant à vous, M. Charles, le Colonel vous ordonne de vous rendre auprès de lui sur-le-champ.

« — Je ne peux abandonner mon ami dans ce moment, répliqua le jeune de Belmont.

— Charles ! interrompit Georges avec sévérité, oubliez-vous si vite les effets de votre désobéissance ?

— Ne te fâche pas, mon cher ami, j'ai eu bien tort, et je t'assure que j'en suis assez puni par le malheur qui vient de t'arriver ; mais tu conviendras aussi qu'il est cruel pour moi de te quitter à présent.

— Va, mon Charles, obéis au Colonel, nous nous reverrons bientôt ; autrement je t'écrirai ; bien ou mal, tu tâcheras de me lire. »

Charles embrassa, en pleurant, et avec toute l'effusion de son âge, son cher Georges, remonta sur son cheval et s'éloigna tristement : le Maréchal des logis et le Brigadier se dirigèrent vers l'ambulance. Aussitôt leur arrivée, le chirurgien fit avec beaucoup d'adresse l'extraction de la balle, et recommanda à **Knopf** le repos le plus absolu. Ayant monté sur une charrette où se trouvait déjà une demi-douzaine de blessés français de toutes armes, Georges prit congé de Bernard, lui recommanda son ami Charles, ainsi que son cheval, et s'abandonna à la conduite des héros d'ambulance.

Le brave Lecourbe s'entretenait avec le Colonel de Charles, lorsque ce petit hussard les aborda en demandant les ordres de son chef.

«Ah! vous voilà, Monsieur le volontaire! lui dit le Général ; vous en faites de belles, à ce qu'il me semble : vous êtes cause que nous perdons un des plus braves sous-officiers de votre régiment.

— Général, il n'est que blessé; mais il est bien vrai que j'en suis la cause.

— Que pensez-vous que cela mérite?

— Général, répondit Charles avec un peu d'impatience, vous voudriez qu'il n'y eût que vous qui se battît.

—Colonel, reprit alors le Général, commandez à un brigadier de conduire

cet indiscipliné à la garde du camp :
qu'il n'en sorte que lorsque je l'ordon-
nerai. »

Le gouvernement venait encore de
subir un nouveau changement ; les journées des 18 et 19 brumaire an 9 et 10
novembre 1799, avaient donné le dernier coup à la liberté déjà chance-
lante. Le Directoire était abattu : Bonaparte, de retour d'Egypte où le brave
Kléber se trouvait encore, en s'em-
parant du pouvoir, venait de s'établir
à la fois Consul et Dictateur. Murat,
son compagnon d'armes et son ami, à la
tête de cent grenadiers, était entré dans
la salle des séances, et avait dissout le
Conseil des Cinq-Cents : le poignard
d'Aréna, qui seul avait tenté de s'opposer
à cette usurpation, manquant son but,
avait atteint le brave Thomé (1) : enfin

---

(1) Thomé se plaça entre Bonaparte et Aréna
au moment où ce dernier levait le poignard sur
la poitrine de l'usurpateur. Le grenadier reçut le
coup destiné à son Général.

une commission consulaire , composée des ex-directeurs Sieyes , Roger-Ducos , et du général Bonaparte, secondée de deux sociétés législatives, de vingt-cinq membres chacune , exerçait une puissance despotique sur une population de vingt-huit millions d'âmes et de cinq cent mille soldats citoyens. Les Français , bercés depuis long-temps d'espérances trompeuses, virent avec une espèce de joie les grands changemens qui venaient de s'opérer. Comme tous ceux qui veulent s'emparer du pouvoir, le nouveau gouvernant avait cherché à justifier sa conduite , en donnant du relief aux fautes de ses prédécesseurs , et l'éclat de l'héroïsme à ses propres actions ; il était parvenu à montrer l'avenir de la France paré des plus riantes couleurs. Peut-être alors ses intentions étaient-elles d'accord avec ses promesses ; mais la sagesse disparaît où l'ambition commence.

Ce fut peu de temps après ces journées , qu'une suspension d'armes eut lieu entre l'armée du général Lecourbe et celle de Starray ; mais la campagne de 1800 s'ouvrit : Moreau, appellé à commander en chef l'armée du Rhin, choisit Lecourbe pour partager ses opérations. Ce Général franchit le Rhin à Schaffouse, bat les Autrichiens, court seconder le Général en chef, et se couvre de gloire dans les champs de Hohenlinden, et de Feldkirch. L'Autriche, abandonnée de la Russie, crut alors devoir songer à la paix, et un armistice signé à Parsdorf, entre le général Kray et Moreau, suspendit les hostilités.

Nous avons laissé Charles à la garde du camp, moins affligé de sa punition que de l'accident qui le séparait de son ami Georges. Vingt-quatre heures s'étaient passées, et il n'avait reçu ni la visite de Saint-Paul, ni celle de Bernard ; ignorant le temps qu'il devait passer encore dans cette situation, il crut qu'il pourrait s'en instruire en consultant ses compagnons de captivité ;

il s'approcha d'un grenadier et d'un dragon qui jouaient ensemble à *la drogue* et leur fit cette question :

« Dites-moi, camarades, pour combien de jours met-on à la garde du camp ceux qui se battent sans ordre?

— Que le diable emporte cet enfant de giberne! s'écria le dragon courroucé; j'ai jeté une carte pour une autre; il est cause que me voilà *rengagé*, et cependant j'avais le *mandrin*.

— Comme tu rudoies la cavalerie légère, dit le grenadier à ce dernier. Viens ici, mon petit, et quand tu veux une réponse, ne t'adresse jamais à ceux qui perdent.

— Comment puis-je deviner celui qui gagne? répondit Charles.

— Regarde ces morceaux de bois qui pendent au nez et à la lèvre supérieure du dragon; cela ne ressemble-t-il pas aux défenses d'un sanglier? Ne lui dis plus rien : tu recevrais peut-être un coup de boutoir.

— Camarade, reprit le dragon, il ne s'agit pas ici de plaisanter ; les sangliers comme moi valent bien les animaux de votre espèce.

— Ah ! ah ! le camarade se fâche, répliqua le grenadier avec sang froid, eh bien ! si l'on m'absout, nous verrons !.....

— Cela sera facile, dit le dragon, en quittant les cartes et les drogues. » Au même instant, un officier parut et dit au grenadier de se préparer à repondre au Conseil qui allait s'assembler pour le juger.

— Je suis tout disposé, Capitaine , je dirai la vérité.

— Quoi ! vous avouerez que vous êtes allé à la maraude (1) ?

— Et que j'ai enlévé trois poules au fermier qui est venu me dénoncer.

---

(1) La discipline des troupes françaises républicaines, surpassait de beaucoup celle des armées plus modernes.

— Songez qu'il y va de votre vie. Vous connaissez la sévérité du Général, pour tout ce qui tient à la discipline.

— Je le sais, mais je ne mentirais pas, pour détourner de six pieds les 18 balles qu'on me destine. »

L'officier étonné autant qu'ému de la résolution du grenadier, l'engagea à réfléchir, lui parla de sa famille, des chagrins qu'elle éprouverait en apprenant son genre de mort. Celui-ci lui répondit, en lui montrant une lettre qu'il avait d'avance écrite à son père : « Mon père, pardonnez-moi ; je n'ai pu » mourir pour la défense de mon pays ; » je meurs pour servir d'exemple à ceux » de mes camarades qui seraient tentés » de manquer à leur devoir. J'ai deux » frères encore auprès de vous ; dites- » leur que je désire que l'un d'eux » vienne me remplacer, afin que mon » régiment ne perde rien. Adieu, je vous » embrasse tous. » FRITZ dit *Bras-de-Fer.* »

Pénétré d'admiration, le Capitaine

s'était retiré; le dragon qui avait entendu ce dialogue, s'approcha aussitôt de son *partner* et, lui prenant les deux mains dans les siennes, lui demanda pardon de s'être offensé du moment de gaîté qu'il avait eu l'instant d'avant.

« Point de grâce, répond le grenadier en souriant, reprends tes drogues, et continuons la partie, autrement je te forcerai à te battre dans l'autre monde.

— Va comme il est dit, répond le dragon ; hé ! la cantinière ! apportez la goutte, c'est moi qui régale..... Allons, petit trompette, tu as été cause de la querelle, il faut que tu prennes part à la réparation. »

Tous trois, après avoir trinqué, portaient leurs verres à la bouche, lorsqu'on entendit la sentinelle crier aux armes, le tambour battre le rappel, et le sergent de garde annoncer le Général. Lecourbe, descendu de cheval, entra avec un de ses aides de camp dans le bivouac des prisonniers, et s'informa du motif pour lequel chacun d'eux s'y trouvait retenu. Arrivé au grenadier, dont il entendit la franche déclaration, il ne put contenir le sentiment pénible qu'il éprouvait.

« Mon général, s'écria Charles, laisserez-vous tuer un brave homme comme celui-là, pour trois malheureuses poules qu'il n'a peut-être même pas mangées?

— Il vous sied bien, Monsieur, reprit le Général, avec un ton sérieux, il vous sied bien, de vouloir donner votre avis sur une chose de cette importance; vous qui commencez votre carrière militaire, en manquant au premier devoir d'un soldat : l'obéissance envers ses supérieurs !

— C'est autre chose, Général, moi, on peut bien me punir, je n'ai encore rien fait pour mériter qu'on me ménage; mais ce grenadier, je suis sûr qu'il a déjà tué plus de deux cents ennemis, et il pourrait en tuer encore autant, si on voulait lui pardonner la mort des trois poules.

— Allons, allons, tais-toi, dit à Charles l'accusé, tu ne connais rien à tout cela : le Général est le dernier ici qui puisse m'absoudre, et les officiers qui doivent me condamner, savent tous qu'il ne suffit pas de se bien battre, pour se rendre digne de porter notre habit.

— Tu parles comme mon pauvre Georges, toi, reprit Charles en pleurant ; je suis sûr que tu es bon comme lui.

— Georges ! reprit Bras-de-fer, le nom est heureux : l'aîné de mes frères, qui m'a devancé à l'armée de quelques mois, malgré mon père et toute ma famille, portait ce nom ; c'était le meilleur enfant du monde ;..... je crois que je puis dire *c'était*, car nous n'en avons eu aucune nouvelle depuis ; il est vrai que mon père lui avait défendu de faire jamais écrire au pays.

— Quant à Knopf, je ne sais s'il a des parens, répondit Charles.

— Knopf, dis-tu ? C'est précisément

mon nom de famille ; serait-il de Strasbourg ?

—Justement.

— Et où est-il ?

— A l'hôpital probablement : il est blessé, ajouta tristement Charles.

— Ainsi je ne le verrai plus, dit le grenadier, en poussant un profond soupir. »

Pendant ce dialogue, le Général avait continué ses interrogations, et pris des notes sur chaque prisonnier de la garde du camp : après leur avoir adressé quelques remontrances, il sortit en ordonnant à Charles de le suivre. Au moment où ce dernier franchissait la ligne de paille qui formait l'abri des détenus, Fritz l'arrêta, et le chargea d'embrasser pour lui son digne frère lorsqu'il le reverrait ; Charles reçut ses embrassemens en gémissant, et suivit son général.

Arrivé au bivouac de Lecourbe, le jeune de Belmont apprit qu'il devrait, à l'avenir, travailler sous la surveillance du Secrétaire de l'état-major, continuant toutefois à faire partie du régiment de hussards, sur les registres desquels il venait d'être inscrit en qualité de brigadier. La première demande qu'il adressa au lieutenant Saint-Paul, qui était chargé de lui annoncer cette disposition, fut pour s'assurer si les secrétaires allaient au feu. Sur la réponse qui lui fut faite que cela arrivait quelquefois, il remercia le Général, et passa dans une tente où son nouveau chef, le Secrétaire, était occupé à transcrire des ordres adressés aux Commandans des différens régimens : celui-ci le reçut avec beaucoup d'aménité, et sortit bientôt après, en recommandant à son jeune collaborateur de ne point quitter la tente pendant son absence. Seul, Charles pensait aux nouveaux devoirs qui lui était dictés; en même temps, il parcourait des yeux les nombreux papiers dont une grande table se trouvait couverte, lorsqu'il lut sur une des liasses : *Information contre*

Fritz Knopf, dit Bras-de-fer, accusé de maraude. Cette liasse contenait la déposition de l'accusateur de Fritz, l'interrogatoire en forme du Capitaine-rapporteur, et l'ordre du Général de procéder au jugement. Charles, après avoir réfléchi un instant, s'empara de ces papiers, fit promptement, au moyen de son sabre, un trou dans la terre et les y enfouit; à peine avait-il achevé d'aplanir le sol, en le refoulant avec ses pieds, que le Secrétaire, suivi du Capitaine qu'il avait déjà vu à la garde du camp, arriva dans la tente.

A peine étaient-ils entrés, le Secrétaire porta les yeux à l'endroit où se trouvaient d'abord les pièces de la procédure de Fritz; surpris de ne pas les voir, il chercha parmi les cartes de géographie qui couvraient la table, et, confondu de ne rien découvrir, il demanda à Charles si quelqu'un était venu pendant son absence.

« Non, Monsieur, il n'est entré personne, répondit le petit larron.

— Cela est impossible, j'avais là toutes les pièces d'un procès qu'on est prêt à juger ; comment se fait-il qu'elles soient disparues ?

— Demandez plutôt à la sentinelle, Monsieur.

Le Secrétaire prit des informations près du factionnaire, et reçut les mêmes réponses. Dans ce moment, le Général entra, et le Capitaine s'empressa de lui annoncer que le Conseil était assemblé pour juger l'affaire du grenadier Fritz Knopf ; mais que les pièces étaient disparues, sans que personne autre que Charles se fût approché de la table où elles étaient.

— Je ne pense pas, dit le Général, en portant sur Charles un regard scrutateur, que M. de Belmont puisse se rendre coupable d'un semblable larcin.

— Je le crois bien, répliqua Charles en ouvrant son dolman et défaisant sa ceinture, on peut d'ailleurs s'en assurer, Général : je ne suis pas sorti.

— Je me garderais bien, jeune homme, de vous faire une pareille injure. »

Se tournant alors vers le Capitaine et le Secrétaire : « On remettra cette cause à quelques jours, Messieurs, je prévois qu'il faudra recommencer l'information, et le paysan qui a reconnu le maraudeur a quitté ce pays, sur l'avis que plusieurs grenadiers lui ont donné, qu'ils vengeraient leur camarade s'il était condamné; nous verrons tout cela plus tard. »

Le Capitaine, suivi du Secrétaire, sortit pour aller dissoudre le Conseil de guerre, et Lecourbe, seul avec son jeune protégé, lui parla en ces termes :

« Bien que ce grenadier fût coupable, j'éprouve une espèce de satisfaction à voir retarder son jugement; j'espère même que, nos troupes changeant de position, il nous sera permis d'étouffer cette mauvaise affaire.

— Ah Général! vous seriez donc content qu'il ne mourût pas? que je suis heureux! »

En prononçant ces mots, Charles avait, par un mouvement involontaire, jeté les yeux vers l'endroit où se trouvait la liasse ; le Général, l'ayant observé, remarqua que la terre était fraîchement remuée, et continua ainsi :

« Il est toutefois de mon devoir de chercher à retrouver les pièces de ce procès, afin que justice se fasse : aussi vais-je faire placer cette tente dans un autre lieu, et fouiller le terrein qu'elle occupe maintenant. Je soupçonne mon ancien Secrétaire d'avoir dérobé ces papiers.....

— Oh ! Général, reprit Charles avec vivacité, comment pouvez-vous avoir un tel soupçon ? Je gagerais ma tête qu'il n'a point commis cette action ; ce serait détruire sa réputation que de lui témoigner une telle défiance.

— Je crois que vous avez raison, Charles, une telle enquête attenterait à son honneur. En effet, comment supposer qu'un homme auquel j'abandonne tant de papiers essentiels , dont peuvent dépendre quelquefois la vie de vingt mille braves et le salut de la France , se rendrait coupable d'un tel abus ! Je suis bien aise de vous voir dans ces sentimens ; ce ne serait plus ici une faute de discipline ,..... l'action deviendrait vraiment criminelle ,..... qu'en pensez-vous, Charles ?.....

— Oui ,..... Général ,..... je crois.....

— D'où vient votre embarras ? ne pouvez-vous me répondre positivement ?....

— Eh bien ! oui, Général, dit alors Charles en tombant à genoux, et laissant échapper de grosses larmes, oui, c'est une mauvaise action ; mais je dois vous dire.....

— Silence, lui répliqua Lecourbe, j'entends quelqu'un , relevez-vous. »

Le Capitaine rapporteur et le Secrétaire venaient rendre compte de la dissolution du Conseil ; bientôt après, entra un officier d'ordonnance : les dépêches qu'il remit au Général lui annonçaient le mouvement qu'il devait faire vers Schaffouse, et l'armée se mit en marche. Au moment de quitter le camp, Charles reçut l'ordre de rejoindre le régiment où St.-Paul était Sous-Lieutenant; ce fut avec joie qu'il se revit entouré de ses anciens amis; avec eux il pouvait s'entretenir de son cher Georges, auquel nous allons revenir.

Atteint d'une fièvre violente, le troisième jour de sa blessure, Knopf avait néanmoins été obligé de continuer son voyage vers la France; tous les hôpitaux militaires sur les frontières se trouvant encombrés, il apprit avec un certain plaisir qu'on le dirigeait vers la capitale de la Franche-Comté. Il conservait soigneusement la lettre de la charmante nourrice, et espérait bien lui donner une réponse de vive voix; cependant il voulait, avant d'aller surprendre ses anciens amis dans leurs montagnes, être entièrement rétabli; il ne savait trop

quelle couleur il donnerait à la dispari-
tion de Germain, ignorant lui-même s'il
était mort ou prisonnier; il résolut
d'adopter cette dernière supposition, ce
qui le forçait cependant d'ajourner des
espérances de bonheur auxquelles il eût
été dangereux de s'abandonner. Ce fut
bercé de douces pensées, horriblement
fatigué des cahots de la charrette, et
cruellement froissé du voisinage de ses
compagnons d'infortune, qu'il arriva à
Besançon, devant l'hôpital St.-Louis,
l'un des plus beaux de France. Affaibli
par la fièvre, on fut obligé de le porter
dans la salle où il devait attendre sa gué-
rison. Il reçut bientôt la visite de plusieurs sœurs hospitalières qui lui prodi-
guèrent les plus généreux soins, et entre
autres celle de la respectable abesse,
qui avait consacré toute sa vie au soula-
gement de la pauvreté et du malheur;
près d'elle brillait comme un jeune lys,
sa charmante nièce qui, à peine âgée de
seize ans, venait de fuir les dangers du

monde pour se livrer à la pratique de la vertu.

« Sœur Charlotte, dit l'abbesse à sa nièce, demeurez un instant près de ce brave Maréchal des logis, je vais lui envoyer un chirurgien ; en attendant, faites-lui prendre ce consommé, cela ne lui fera pas de mal. »

La jeune novice se mit en devoir d'exécuter les ordres de sa tante qui s'éloigna. A l'instant où Georges achevait de prendre son cordial, il resta comme frappé d'étonnement à la vue d'une autre novice qui passait devant son lit.

« Quelle est cette sœur ? demanda-t-il à l'aimable Charlotte.

— Nous la nommons Thérèse.

— Thérèse ! je ne me suis point trompé. Elle habitait ces environs.

— Oui, Monsieur, il n'y a que peu de jours qu'elle est parmi nous ; mais déjà nous la connaissons assez pour être assurées que c'est une excellente personne; nous désirerions seulement qu'elle fût un peu moins mélancolique : sa résolution, au reste, n'est pas irrévocable : car nos vœux ,et notre séjour ici sont purement volontaires.

— Aurait-elle perdu quelque parent, quelque protecteur ?

— Je l'ignore, Monsieur, je la crois cependant agitée d'un violent chagrin ; mais il faut espérer que l'occupation et notre sainte religion rendront enfin le calme à son âme. Personne plus qu'elle, je crois, ne mérite d'être heureuse ; personne aussi n'est plus assidue à ses devoirs ; mais voici le chirurgien, je vous laisse. A revoir, Monsieur, tâchez de reposer après sa visite. »

CHAPITRE IX.

Ainsi que nous l'avons appris par l'indiscrétion de Germain, les habitans du clos, grâce au rendez-vous de la source des rochers, n'avaient plus de secrets l'un pour l'autre, et vivaient dans la meilleure intelligence avec madame de Ligneville ; Thérèse, sans feinte, comme sans défiance, se livrait aux sentimens que lui inspirait son protecteur. Elle avait la certitude que son amour était partagé, et que l'hymen couronnerait un jour la tendresse qu'elle ressentait pour Robert qui, de son côté, voyait avec plaisir s'augmenter en elle l'affection dont il était l'objet. Cependant, il y avait plusieurs mois que Germain était parti, chargé de dépêches pour M. de Belmont, et aucune nouvelle n'était parvenue qui pût faire présumer l'issue de cette démarche. La plus vive impatience s'emparait de nos amans, bien qu'ils cherchassent à se rassurer mutuellement sur les effets de ce retard et à calmer l'incertitude qu'ils éprouvaient. MM. de Surville et de Belmont pouvaient seuls connaître les parens de leur protégé ; le dernier avait marqué trop d'intérêt à Robert pour qu'il doutât encore que des circonstances de la vie de ce gentilhomme, ne fussent intimement liées à l'histoire de sa famille et de sa naissance; un mot de lui pouvait suffire à serrer les liens de deux amans avides du bonheur.

Madame de Ligneville continuait à voir chaque jour ses amis du clos; la société d'Augustine lui était devenue nécessaire; elle ne pouvait faire un pas sans être accompagnée d'elle, ni goûter un plaisir, sans qu'elle le partageât; celle-ci à son tour lui avait vouée la plus sincère amitié, et se plaisait d'autant plus avec elle que sa conversation roulait presque toujours sur celui qui seul faisait battre son cœur. Lucie, l'héritière de Surville, commençait à devenir intéressante, et occupait agréablement les loisirs de nos deux amies par ses discours et ses jeux enfantins; enfin, madame Germain, admise de temps à autre à leur entretien, et toujours de la plus belle humeur depuis le départ de son mari, venait ajouter, par sa folle gaîté, à leurs distractions journalières.

Un jour, toutes trois étant réunies dans le jardin de Robert, elles s'égayaient sur le compte du jeune M. de Ligneville, qui, à force de tranquillité et de sommeil, était devenu d'une rotondité extraordinaire, lorsqu'elles virent accourir un domestique de la jeune dame, qui lui annonça que son époux, s'étant endormi immédiatement après déjeuner, ne s'était point encore réveillé, malgré les efforts de ses gens qui l'avaient retourné dans tous les sens, pour obtenir de lui un signe de vie; madame de Ligneville, épouvantée par ce rapport, se leva précipitamment, et courut à son château. Deux heures après, Thérèse reçut ce billet :

« Mademoiselle, je vous écris de la » part de madame de Ligneville, pour » vous apprendre que son mari était

« mort quand elle est arrivée au château,
« et qu'une heure après, son beau-père
« a eu une si violente attaque de goutte,
« qu'il a suivi son fils dans l'autre monde;
« *requiesquent in pace*. Votre très-
« obéissant et très-humble serviteur,
« JEAN, valet de chambre du dernier
« défunt. »

Cette nouvelle porta la tristesse et la consternation dans la demeure de Robert, qui fit aussitôt seller un cheval et courut offrir à la malheureuse veuve ses services et ses consolations. Il la trouva agitée du plus cruel désespoir, penchée sur le lit de mort de son époux, et arrosant de larmes ses insensibles restes.

Robert parvint, à force d'instances, à l'entraîner loin de ce spectacle douloureux, et se chargea de rendre les derniers devoirs aux défunts. Ayant conduit madame de Ligneville dans un appartement éloigné, il envoya chercher

Thérèse qui vint bientôt se jeter dans les bras de son amie éplorée : tous passèrent la nuit dans la même chambre, incapables de se séparer ni de se livrer au sommeil. Le Curé, ayant repris depuis peu l'exercice public de son saint ministère, vint le lendemain à la pointe du jour, unir ses efforts à ceux de ses amis, pour consoler la jeune veuve, et vingt-quatre heures après, on transporta les restes du père et du fils dans leur dernière demeure. Ce ne fut qu'avec la plus grande peine que l'on parvint à empêcher Sylvérine de suivre le convoi, qui fut accompagné de tout ce que les environs contenaient d'habitans recommandables. M. Lazare, sans y avoir été appelé, s'y trouvait au nombre de ceux qui paraissaient les plus contristés de cette double perte. Huit jours après, un service funèbre eut encore lieu dans l'église paroissiale. Madame de Ligneville s'y rendit, et donna pendant l'office divin de nouvelles larmes à la mémoire de son époux et de son père ; M. Lazare, auquel nous allons revenir, assistait à cette pieuse cérémonie, et s'y faisait remarquer par le fréquent usage d'un mouchoir de batiste qui pourtant demeura sec dans ses mains.

Lazare avait ostensiblement changé de conduite sans pour cela différer de ses premiers penchans. Plus d'un motif le dirigeait dans son apparente conversion : d'abord, la certitude de ne pouvoir, sans ruse, parvenir à se faire un parti parmi les montagnons de cette contrée, qui, animés d'un esprit de justice, ne pouvaient se refuser à l'évidence qui leur montrait M. Robert comme un être, paisible, prodiguant des secours à la misère, et des consolations au malheur ! tandis que lui ne s'était fait connaître jusqu'alors que par des délations, et des actes de vengeance. Ancien favori des puissans de la France, il avait prévu d'avance le sort de ses protecteurs, et, après avoir employé, mais en vain, tous les moyens pour ne pas être entraîné dans leur chute, ou plutôt pour conserver avec d'autres une espèce de pouvoir inquisitorial, il s'était emparé du masque du repentir, et cherchait, par des actions auxquelles il donnait les couleurs de la bienfaisance et de la piété, à conquérir une estime dont on ne l'avait jamais honoré. Il conservait néanmoins l'espoir de s'approprier la fortune de la jeune Thérèse, et poursuivi par le souvenir des obstacles que madame de Ligneville avait apportés dans ses desseins, il se promettait de saisir avec ardeur la première occasion qu'il trouverait de se venger de cette dame. Il avait fourni à Féraro, sur lequel il avait rejeté l'odieux de sa conduite passée, les moyens de retourner en Italie, théâtre de ses premiers travaux dans le crime, en l'épouvantant sur les suites des changemens politiques qui venaient de s'opérer en France; mais Custro, cet ancien affidé qui avait été s'unir au trop fameux *Schneider* de Strasbourg, se trouvant alors sans emploi, était retombé à sa charge. M. de Ligneville père, cherchait alors un domestique dont il pût se faire au besoin une espèce de société pendant les heures de sommeil de son digne rejeton : Lazare apprit cette particularité, engagea Custro dont il connaissait l'adresse, à se présenter au vieillard goutteux pour obtenir cet emploi, et Custro, sous le nom de Jean, admis au château, fut bientôt revêtu de toute la confiance de son nouveau maître. Ce valet devait, par tous les soins et les bassesses possibles, chercher à se rendre indispensable dans la famille, et à ménager, par la suite, au vindicatif Lazare une occasion sûre de punir celle dont il avait à se plaindre; une forte récompense lui était promise en cas de réussite. Cet affidé était depuis deux mois dans son nouvel asile, lorsque sa jeune maîtresse perdit en un instant ses deux protecteurs naturels. La famille paternelle de cette jeune veuve s'était absolument éteinte dans la personne du colonel son père; la perte récente de son jeune époux la laissa isolée au monde. Ce dernier événement toutefois avait causé une certaine révolution dans les idées de Lazare: une jolie femme, une fortune assurée de vingt mille francs de rente, lui semblaient assez recommandables pour qu'il se donnât la peine de réfléchir aux moyens les plus efficaces pour les obtenir, ou pour s'en emparer. Il redoubla d'efforts pour regagner les bonnes grâces de madame de Ligneville; bien qu'il n'eût reçu d'elle aucune lettre *de faire part*, aucune invitation aux cérémonies de l'enterrement, il n'en avait pas moins multiplié ses visites, qui toutes avaient été refusées, jusqu'à l'époque où nous arrivons.

Il est nécessaire de rapporter ce qui

se passa pendant cet intervalle entre Robert et Thérèse, dont la tendresse mutuelle redoublait chaque jour.

Au commencement du mois de juillet, lorsque la nature se revêt de ses plus brillantes couleurs, et que les oiseaux célèbrent, par des concerts, leur amour et leur reconnaissance envers l'auteur de tous biens, dans cette saison où l'habitant des campagnes, ému par le divin spectacle qui l'entoure, trouve son cœur ouvert aux sensations les plus délicieuses, nos deux amans avaient entrepris une promenade vers le groupe énorme de rochers qui, ne laissant à celui qui l'approche aucune issue pour le franchir, est appelé *le bout du monde;* ayant pourtant gravi à une certaine hauteur de cette masse, ils se trouvaient placés dans une cavité de la montagne, entre le roc et une nappe d'eau qui, s'échappant d'une hauteur prodigieuse, tombait avec fracas dans un gouffre dont la profondeur épouvantait la vue. Cette eau limpide, en cachant leur retraite, ne leur laissait d'autre aspect que les couleurs produites par le soleil qui venait darder ses rayons sur ce voile de crystal.

« Asseyons-nous, ma chère Thérèse, j'aime cet endroit; ici, rien ne ressemble au monde que nous venons de quitter; je crois que ce lieu fut créé pour les amans qui trouvent tout l'univers dans leur mutuelle tendresse.

— Cela peut être, mon ami, répliqua Thérèse en prenant place à côté de Robert; mais ne trouvez-vous pas aussi que tout ce qui s'offre à nous en ce moment, a quelque chose de surnaturel qu'on tremble de voir disparaître? cela ne ressemble-t il pas au bonheur qu'on éprouve ou plutôt à l'espérance qui nous soutient?

— Ah! Thérèse! puisse ce bonheur durer autant que tout ce qui nous entoure! mais puis-je donner ce nom aux tourmens que j'éprouve? puis-je appeler bonheur l'incertitude qui m'accable? N'est-il donc pour un cœur comme le mien d'autre charme que celui de vous entendre sans cesse? d'autre jouissance que celle de vous contempler? Faut-il que je voie passer mes plus belles années, sans pouvoir obtenir le seul titre qui puisse me rendre heureux?

—Aucune nouvelle de M. de Belmont! dit Thérèse en soupirant.

— Ah! si vous saviez combien je souffre de cette attente, répond Robert, en tournant vers elle ses yeux humides de larmes.

— Et croyez-vous, mon ami, que je ne partage pas cette souffrance?

—Hélas! Thérèse, vous comparez vos peines à celles qui me déchirent! vous ne pouvez éprouver ce feu violent qui me consume, ces désirs qui m'embrasent : vos facultés ne pourraient suffire à de tels tourmens.

— Ah! mon ami! si vous pouviez lire dans mon cœur, vous verriez que l'excès

de ma tendresse égale là vôtre ; et qu'il
ne me faut pas moins de courage que
vous n'en montrez, pour supporter mon
sort. Posez votre main sur ce cœur qui
ne battra jamais que pour vous, et dites
encore que Thérèse est tranquille !

— Pourquoi donc nous condamner à
cette situation douloureuse ? reprit Robert, en fixant sur Thérèse ses regards
enflammés. Douterais-tu de mon honneur ? penses-tu que je puisse jamais tra-
hir ton amour et mes sermens ? Mon
sort n'est-il pas uni au tien par le lien le
plus sacré : celui d'un choix libre et d'un
amour pur comme ton âme ? Devons-
nous attendre des hommes un bonheur
qui est en notre pouvoir ? les promesses
qu'ils exigeront de nous, seront-elles
plus sacrées que celles qui n'auront
d'autre témoin que le Ciel ? O ! ma bien-
aimée ! cède aux transports qui m'agi-
tent, que je te doive une nouvelle existence ! viens, viens, sur ce cœur em-
brasé......

« — Robert!..... qu'osez-vous!..... au nom de ta mère : c'est en ce lieu.....

« — Grand Dieu!..... Thérèse!..... n'achève pas, » dit Robert en la laissant échapper de ses bras, et couvrant de ses mains sa figure enflammée.....

Un long silence suivit cet instant de délire. Thérèse, debout, éloignée de quelques pas de son amant, tremblante, se soutenait avec peine, ne pouvait vaincre son trouble, et mesurait d'un œil égaré les sombres profondeurs du précipice.

Robert, le premier, fit entendre quelques mots à peine articulés.

« Oui, c'est là, là, dans ce gouffre horrible, qu'un instant d'erreur a conduit celle à qui je dois le jour,..... et j'allais imiter son séducteur,.... son assassin,..... celui qui ne me donna la vie que pour vouer deux êtres à l'infortune....... Funeste démence!........ Cruel Amour! est-ce ainsi que tu reçois les leçons du malheur?..... doit-on méconnaître avec toi les devoirs les plus révérés? »

Livré au plus affreux désespoir, étendu, le visage tourné vers la terre, Robert semblait vouloir l'entr'ouvrir pour y chercher un asile contre les tourmens qui déchiraient son cœur. Thérèse enfin jeta les yeux sur son amant; elle s'élança vers lui, s'agenouillant à son côté, elle releva sa tête sur son sein agité, et chercha à rappeler sa raison égarée.

« Mon ami, calmez-vous; le ciel nous réservait cette épreuve; notre vertu l'emporte : nous jouirons de ce triomphe.

— Eloigne-toi, Thérèse, je redoute ta vue, tes consolations, tes caresses;.. accable-moi de ta haine, ou crains encore l'excès de mon amour.

— Relevez-vous, mon ami, quittons ce lieu où trop de dangers nous menacent; venez, votre Thérèse veut aujourd'hui vous guider : assez long-temps vous lui donnâtes les leçons de la prudence et de la sagesse; elle veut à son tour vous en donner l'exemple. Partons.

—O mon amie! je connais mon crime, et cependant je sens que je ne puis plus supporter mon sort, que je ne puis plus vivre sans ta possession..... Je partirai; j'irai moi-même chercher au milieu des camps celui qui peut seul me découvrir le cruel mystère de ma naissance. Il m'en coûtera sans doute de te quitter, d'abandonner l'enfant confié à mes soins par le comte de Surville; mais, si je ne sors de cet état d'incertitude et d'angoisse, je sens qu'il faudra renoncer à la vie. »

Thérèse combattit ce dessein, mais Robert fut inébranlable : gardant alors le silence, elle parut ainsi approuver sa résolution, et regagna avec lui la maison du clos. A peine furent-ils arrivés, la nourrice reçut l'ordre de se préparer à partir le lendemain, avec son maître, pour Salins, afin de conduire dans un pensionnat de cette ville la jeune Lucie, âgée alors de six ans.

Cependant Thérèse, retirée dans son appartement, avait fait demander Claudin, et s'était entretenue une bonne heure avec lui; Robert venait de sortir avec l'intention d'aller confier son projet à madame de Ligneville : pendant ce temps un char-à-banc fut attelé; Thérèse, accompagnée du vieux jardinier, partit pour Besançon; à son retour, le soir, Robert reçut cette lettre :

« Mon ami, ne vous chagrinez pas, et » surtout ne m'accusez pas d'ingratitude; » notre séparation ne peut être de lon- » gue durée; mais dans ce moment elle » est nécessaire. Continuez à remplir les » devoirs que vous vous êtes imposés en- » vers Lucie; les liens que je vais con- » tracter n'ont rien qui puisse vous ef- » frayer : c'est en qualité de pensionnaire » que je vais m'unir aux sœurs hospita- » lières de Saint-Louis. Ne faites aucune » démarche pour me détourner de cette

» résolution; dans quelque temps je vous
» engagerai à venir me voir. Je veux avant
» tout me faire une amie de ma supé-
» rieure, et pouvoir vous parler libre-
» ment devant elle. A revoir, mon tendre
» ami, mon bien-aimé pour toujours.

> » THÉRÈSE DELVAL.

» *P. S.* Je vous prie surtout de ne
» point gronder le bon Claudin : j'ai eu
» beaucoup de peine à le décider à m'ac-
» compagner ; mais il me fallait un con-
» fident honnête et convenable. »

Six semaines s'étaient passées depuis
ce départ, qui avait pénétré Robert de
la plus vive douleur. Il avait reçu plusieurs lettres de son amie ; mais aucune
ne l'autorisait encore à venir jouir un
instant de sa présence, et la plus sombre
douleur s'emparait de son âme.

Lazare, comme nous l'avons fait connaître, continuait ses efforts pour atteindre aux bonnes grâces de madame de
Ligneville ; mais aucun indice n'encou-

rageait ses espérances. Fatigué du rôle qu'il s'était choisi, ennuyé de singer l'homme de bien, il résolut de tenter un coup décisif; à cet effet il fit demander un entretien à son digne ami Custro qui, sous le nom de Jean, servait toujours notre jeune veuve.

Il était six heures du matin; nous touchions aux dernières journées du mois d'août; les deux complices se trouvaient réunis, à quelque distance de toute demeure, au milieu des rochers de ces montagnes. Ecoutons la fin de leur conversation qui durait depuis une heure, sans offrir un véritable intérêt:

« C'en est fait, mon cher Custro, cette femme-là ne consentira jamais à me voir; je suis las de ses mépris : il faut agir.

— J'aime mieux cela, signor Lazarino, car alors je serai de moitié dans l'action et dans les bénéfices; voyons, comment nous y prendrons-nous?

— Il faut éloigner les domestiques qui l'approchent ordinairement, m'introduire chez elle afin de lui faire parapher un double sous-seing qui m'assure, sinon de sa possession, du moins de sa fortune.

— Voilà qui me paraît assez clair, mais peut-être pas aussi facile à exécuter. Madame de Ligneville passe les nuits au Clos de M. Lambert avec la nourrice et la jeune Lucie, tandis que ce M. Lambert, de son côté, vient chaque soir garder le château jusqu'au lendemain; cependant il doit incessamment s'absenter pour vingt-quatre heures afin de rendre visite à sa chère Thérèse. J'ignore quelle disposition notre veuve prendra pendant ce temps; mais je pourrai vous en instruire assez tôt pour que nous puissions arrêter un plan d'attaque, si je trouve quelque apparence de réussite dans la position de l'ennemi.

— Je compte sur toi, Custro, sois assuré que ta fortune est faite si je réussis.

— Je compte aussi sur cela, car je suis décidé à devenir honnête homme après cette espièglerie : voilà la révolution française en quelque façon terminée ; le gouvernement devient tout militaire, bientôt il n'y aura plus de ressources ici pour les gens d'un certain mérite, et j'espère revoir l'Italie. Si vous m'en croyez, vous retournerez également sous ce beau ciel, à la suite de votre expédition.

— Nous pourrons faire ensemble ce voyage, mon cher Custro ; mais nous devons avant tout nous assurer une existence brillante, et si, comme je l'espère, notre plan est couronné d'un prompt succès, nous n'aurons rien à désirer.

— Il le sera, Signor ; mais il est temps que je songe à rentrer au château : M. Lambert a l'habitude de me donner ses ordres avant de retourner dans sa maison. Adieu, vous recevrez bientôt ma visite si tout se passe comme je l'espère. »

Les deux amis se séparèrent en se ser-

rant la main, et reprirent, chacun de
son côté, la route de leur habitation.

Abandonnons un moment ces deux scélérats, et revenons à notre ami Georges.

Grâce aux soins des bonnes sœurs,
sa blessure était guérie ; il songeait déjà
à rejoindre son régiment ; mais, avant
tout, il voulait voir la charmante nourrice ; il lui écrivit donc la lettre suivante.

« Madame Germain, je n'ai pas ré-
» pondu à l'honneur de la vôtre, parce
» que je n'en ai pas eu le temps jusqu'à
» ce jour. Je vous prie de me le pardon-
» ner. J'irai demain passer une heure
» chez M. Robert, je répondrai alors à
» tout ce que vous voudrez, et je repar-
» tirai de suite pour l'armée. Je vous pré-
» viens que je veux surprendre votre maî-
» tre, ainsi ne lui dites rien. J'ai bien
» l'honneur d'être votre très-humble
» serviteur. »

Cette épître, dont nous corrigeons un
peu l'orthographe, ne parvint à madame
Germain que le lendemain, au moment

où elle allait passer le reste du jour,
ainsi que la nuit suivante, chez madame
de Ligneville pendant l'absence de M. Robert qui venait de partir pour Besançon. Elle ne vit d'autre moyen que de
laisser, pour M. Georges, un billet qui lui
indiquât où il pourrait la trouver; ce
billet était ainsi conçu :

« Je suis chez madame de Ligneville;
» elle doit sortir à trois heures avec tous
» ses gens pour aller à vêpres. Venez pen-
» dant ce temps, et entrez par le jardin
» dont la porte est ouverte le jour ; car
» je ne voudrais, pour tout le château,
» que Madame sût que je reçois un mili-
» taire chez elle, pendant son absence.
» Votre servante, HENRIETTE GERMAIN. »

Georges arriva effectivement dans la
maison de M. Robert; Julienne lui remit
la missive dont elle était chargée pour
lui, et, après quelques informations,
ayant pris le chemin du château de madame de Ligneville, il fut bientôt à la
porte du jardin, où madame Germain le

reçut avec une émotion qui en disait plus que ses paroles.

Après l'avoir fait passer par plusieurs détours, elle le conduisit jusque dans l'appartement solitaire qu'occupait encore la jeune veuve. A peine lui avait-elle offert quelques rafraîchissemens, qu'elle entendit madame de Ligneville dans le corridor qui conduisait à cette chambre.

«Grand Dieu! je suis perdue : c'est Madame!

— Attendez, je vais sauter par la fenêtre.

— Impossible : il y a des barreaux à toutes les croisées.

— Dans ce cabinet.

— Il n'a d'autre sortie que cett chambre.

— C'est désagréable, car je ne veux rester qu'une heure en ce pays ; mais il faut craindre de vous compromettre, et j'entre.

— O ciel! la voici. »

La jeune veuve entra au même instant avec Lucie.

« Qu'avez-vous donc, madame Germain? vous paraissez toute troublée.

— Oh! ce n'est rien, Madame, c'est que vous revenez si vite que j'ai cru qu'il vous était arrivé quelqu'accident.

— Je vous remercie de cet intérêt, vous voyez qu'il n'en est rien; ce bon M. Morel est indisposé, les vêpres n'ont pas eu lieu. Je viens d'ordonner qu'on fasse un lit dans cette chambre pour ma petite Lucie qui est un peu souffrante. Vous, vous coucherez dans le cabinet; ma femme de chambre occupera mon ancien appartement. J'ai dit aussi qu'on me serve ici mon souper; je ne veux plus me déranger aujourd'hui.

— Quoi,..... Madame,..... pas même une petite promenade dans le jardin?.... il fait si beau! cela ferait du bien à Lucie peut-être.

— En ce cas, vous la conduirez vous-même, ma chère Henriette. Donnez-moi mon peignoir, il fait si chaud ! »

Madame de Ligneville se déshabilla, et madame Germain attendit avec anxiété quelle serait l'issue de cette aventure.

CHAPITRE X.

L'heure du souper étant arrivée, on servit notre jeune veuve dans son appartement. En vain, madame Germain employa-t-elle tous ses moyens de persuasion pour l'engager à faire un petit tour dans le jardin. Elle lui parlait d'un endroit où plusieurs rossignols venaient se réunir chaque soir, elle aurait voulu que Lucie les entendît chanter ; mais elle n'osait la conduire sans que Madame y vint aussi, car Lucie n'était heureuse qu'avec Madame. Un instant plus tard, se plaçant près de la croisée, elle disait apercevoir un lièvre qui jouait parmi les fleurs du parterre, et que Madame pourrait tuer très-facilement, si elle voulait se donner la peine de descendre...... Les rossignols y seraient encore le lendemain, lui faisait observer madame de Ligneville..... Elle aimait beaucoup la chasse ; mais tuer un lièvre dans son jardin, cela ferait fuir les oiseaux qui s'y rassemblent : du reste, elle était deshabillée, et ne pouvait se résoudre à sortir sans corset. Madame Germain vit clairement qu'il lui serait impossible de faire évader son prisonnier avant le lendemain. Les heures s'écoulaient avec rapidité ; chaque fois que la pendule faisait entendre un son, elle fixait le cadran, et poussait un soupir ; elle était prévenue qu'à dix heures précises elle devait se retirer dans le cabinet où Georges se trouvait enfermé qu'allait-elle faire ? comment s'y prendre pour sauver son honneur ? Elle s'était d'abord repentie du mystère qu'elle avait mis à recevoir le Maréchal des logis; mais il était trop tard pour se faire un mérite de sa franchise. Madame de Ligneville aimait à plaisanter, et cette aventure deviendrait un sujet éternel de railleries. Elle faisait cette dernière réflexion lorsque les coups dix fois répétés du petit marteau sur le timbre lui annoncèrent l'instant fatal. Déjà Lucie reposait paisiblement dans la chambre de notre veuve, qui dit alors à madame Germain qu'elle pouvait se retirer.

«Si Madame voulait, je pourrais passer la nuit dans sa chambre, sur un fauteuil.

— Je ne vois pas que cela soit nécessaire, Henriette.

— Est-ce que Madame n'a jamais peur ?

— Je ne me pique pas d'avoir l'intrépidité d'un hussard, mais je ne m'épouvante jamais sans raison.

— C'est vrai,..... Madame,..... sans doute les hussards sont de bonnes gens ;..... ils ne voudraient pas abuser..... de la situation.....

— Que dites-vous donc, Henriette? qu'est-ce que signifie ce galimatias, de situation,..... de braves qui abuseraient ou qui n'abuseraient pas? je ne puis vous comprendre.

—Madame, c'est qu'il faut vous dire que moi, je ne suis pas du tout courageuse ; je suis peut-être veuve aussi en ce moment, et j'ai tant entendu parler de revenans dans ma jeunesse.....

— Quel enfantillage ! en vérité, si Lucie vous entendait, elle se moquerait de vous; allez, ma chère, nous ne sommes plus dans le siècle des prodiges , et votre mari surtout se gardera bien de revenir vous trouver.

— Vous savez, Madame, que c'est un homme qui n'a presque jamais fait que des sottises , et ces esprits-là sont beaucoup plus remuans que les autres.

—Allons, allons, Henriette, ne faites

pas ainsi la petite fille, retirez-vous dans ce cabinet, et laissez la porte ouverte.

— Oh ! je ne suis pourtant pas si effrayée que vous pourriez bien le croire ; quant à laisser la porte ouverte, je crois bien que je le ferai ;..... Madame se met-elle au lit ?

— M'y voici, Henriette, éteignez les bougies, bonsoir, ma chère.

— Bonsoir, Madame, dormez bien ; dormez même pour deux, si cela vous est possible : car pour moi je doute que je puisse fermer l'œil. » Madame Germain éteignit enfin les lumières, et entra dans le cabinet dont elle laissa la porte entr'ouverte ; sans doute, pour imposer à son compagnon, la plus héroïque prudence.

Pendant que cette scène se passait au château, Robert était allé près de son aimable amie, qui le reçut avec la joie la plus vive. Robert gémissait intérieurement de la contrainte qui lui était imposée par la présence de la supérieure; peut-être Thérèse en souffrait-elle autant que lui; peut-être le sacrifice momentané qu'elle avait fait de sa liberté, lui semblait-il plus rigoureux à l'aspect de celui qui lui était plus cher que la vie. L'abbesse, obligée de les quitter quelques instans, se fit remplacer, par son aimable nièce qui, s'étant acquis toute la confiance de Thérèse, avait déjà appris son amour et ses espérances. Aussitôt que sa tante fut sortie de la chambre où ils étaient réunis, elle se plaça entre les deux timides amans et les encouragea par ces paroles.

« Dites-vous bien vite tout ce que vous avez à vous dire, je ne suis pas si imposante, ni si sévère que ma tante, moi; je puis faire comme Ulysse et ses compagnons, bien que pour un autre motif : me mettre de la cire dans les oreilles. Mon Dieu ! je sens bien tout ce que vous devez souffrir de cette situation : moi aussi, j'ai aimé;.... mais hélas !..... Allons, allons, causez, je regarde à la fenêtre ; je n'entends pas un mot. »

Thérèse rendit alors à son ami la confidence que lui avait faite Georges : qui, touché de ses chagrins, lui avait avoué que le secret de la naissance de Robert était contenu dans une réunion de papiers qu'il possédait ; mais ces papiers étant adressés à M. de Surville, il ne pouvait en rompre le cachet qu'après avoir obtenu la certitude que ce gentilhomme n'existait plus. Néanmoins il pouvait assurer que Robert serait maître de son choix, dans le cas où il voudrait former une alliance, puisqu'il était certain que son père et sa mère n'existaient plus. Il lui avait fait observer qu'il serait encore dangereux, pour leur ami commun, de prendre alors son véritable nom ; qu'il fallait qu'il conservât les papiers et le nom de Lambert, propriétés que le vrai possesseur, autrefois soldat de son régiment, ne viendrait pas lui disputer, puisqu'il était mort des suites d'une blessure pour laquelle on avait d'abord obtenu son congé. Il lui avait également appris la fin de M. de Belmont, ainsi que le sort présumé de Germain.

Après s'être attendri sur les nouveaux obstacles qu'il aurait à surmonter pour découvrir son ancien protecteur, et sur le destin de sa chère Thérèse, Robert remercia la sœur Charlotte de la liberté qu'elle lui avait accordée, et sortit, le cœur navré de s'éloigner sitôt de l'objet de toutes ses affections.

Bien que la soirée fût déjà fort avancée, il résolut de regagner sa demeure et obtint, du commandant de la place, la faveur de sortir de la ville à dix heures du soir, à l'instant même où madame Germain éteignait les bougies au château de madame de Ligneville.

A minuit, arrivé à la maison du clos, il y trouva Julienne extrêmement agitée : elle lui raconta que Claudin, ainsi que le garçon jardinier, venait de partir avec son fusil pour se rendre au château de la jeune veuve; que le domestique qui était venu les prévenir, n'avait pas pris le temps d'en dire d'avantage, et s'était transporté chez le Maire au grand galop. Robert, inquiet sur l'événement dont pouvaient naître ces démarches, se dirigea tout de suite vers le château.

Laissons-le à cheval, et rendons compte des résultats de la réunion fortuite de Georges et de madame Germain.

Le cabinet où Georges se trouvait emprisonné était fort étroit; en conséquence madame Germain, s'y étant introduite, ne put s'empêcher d'être assez près de son adorateur pour entendre ses soupirs et sentir même battre son cœur. Elle était d'ailleurs forcée d'approcher la bouche de l'oreille de Knopf, pour lui recommander la plus grande circonspection, et nous avons appris qu'une seule fois, l'obscurité était si grande! notre nourrice avait pris l'organe de la voix pour celui de l'ouïe ; ce qui valut au Maréchal des logis un baiser qui fut loin de calmer son agitation ; mais, trop honnête homme pour vouloir conserver un don qu'il ne devait qu'à une erreur, il le rendit aussitôt.

« Ciel ! que faites-vous ? j'espère que vous n'abuserez pas de ma situation cruelle ?

— Non, assurément ; je vous avouerai, au surplus, que je ne suis pas plus à mon aise que vous. Je partage vos craintes, et j'ai de plus un diable qui me tourmente, auquel j'ai toute la peine du monde à résister.

— A propos, qu'est devenu mon mari ?

— Prisonnier, en Autriche.

— Le pauvre homme ! et quand reviendra-t-il ?

— Peut-être bientôt, car la paix est faite ; il sera rendu comme un brave ; il accourra jouir du bonheur qui l'attend : et moi, je vais rejoindre mon drapeau, sans espoir de vous revoir jamais !

— Cela n'est pas certain, M. Georges : vous vous rappelez que vous disiez à peu près de même à votre premier départ de Besançon, et pourtant.....

— Me voilà bien avancé ! je souffre mille fois plus de votre présence que si des millions de lieues me séparaient de vous. Je ne voudrais pas pour un coup de sabre, qu'on sût dans mon régiment que j'ai passé la nuit auprès d'une femme charmante, d'une femme que j'aime comme la guerre, sans en avoir seulement obtenu un baiser ; oh ! je serais déshonoré ! Eh bien ! je n'ai pas même le courage de le demander, ce baiser ; le hasard seul.....

— Dites-moi, M. Georges, que fait M. de Belmont ?

— Mort.

— Grand Dieu ! et le jeune Charles ?

— Il est au régiment ; c'est un petit

prodige : il sera brave et bon comme son père. »

Le plaisir de s'entretenir de son élève fit oublier à Georges une partie des effets douloureux de sa situation : madame Germain, cherchant de son côté à le maintenir dans ces idées, près de deux heures s'étaient écoulées, lorsqu'enfin il la pria de lui permettre d'abandonner ce sujet, et de lui répondre elle-même aux questions qu'il avait à lui faire.

« N'entends-je pas du bruit? dit alors la nourrice, en prêtant l'oreille.

— Votre dame se lève peut-être; elle nous aura entendus.

— Non, non, on marche doucement dans le corridor;.... on introduit une clef dans la serrure;.... que veut dire cela ?

— Madame aurait-elle un amant ?

— Je ne puis le croire, M. Georges;... on ouvre ,.... deux hommes, Lazare et Jean..... Grand Dieu!

— Silence ! » , dit Georges, en posant sa main sur la bouche de sa compagne.

Une lanterne sourde, portée par Lazare, venait d'éclairer l'appartement et de découvrir à la nourrice, par la réflexion d'une glace, les deux personnages qu'elle vient de nommer.

« Tout dort, dit Custro ; la nourrice doit être dans ce cabinet.

— Ferme sa porte, répond Lazare, et garde-la. » Puis, portant ses regards sur madame de Ligneville qui dormait profondément et dans le plus voluptueux désordre, « C'est dommage de la réveiller, ajouta-t-il, comme elle est belle !

— Hâtez-vous, signor ; il ne faut pas donner aux domestiques le temps de se dégriser. »

Lazare s'approchant du lit de la jeune veuve, lui saisit la main de l'une des siennes, lui portant l'autre vers la figure, afin d'intercepter les cris qui pouvaient accompagner son réveil. En effet, madame de Ligneville, éveillée tout à coup, frappée de la plus grande terreur, voulut appeler, mais Lazare lui en ôta la faculté.

« Silence ! Madame, dit-il à voix basse ; vos cris seraient inutiles : j'ai tout prévu, et vos gens ne peuvent vous entendre. Soyez docile, et je n'attenterai point à vos jours ; mais je ne puis plus long-temps supporter vos mépris. Signez ce papier qui m'assure votre main, et je me retire à l'instant.

— Qu'osez-vous me proposer ?.....

— Parlez bas, ou vous cessez de vivre.

— Misérable !

— N'ajoutez pas un seul mot ; je ne me suis pas ainsi exposé sans une ferme résolution ; redoutez les effets de votre résistance : encore une fois, signez. »

A peine ces mots étaient-ils prononcés, que la porte du cabinet, échappée des gonds avec violence, vint renverser Custro qui la gardait ; Georges parut alors le sabre à la main, assena un coup vigoureux sur la tête du faux valet, et se disposait à punir Lazare, quand ce-

lui-ci, dérobant la lumière de sa lanterne, profita de l'obscurité pour regagner le corridor, et pour se sauver par le
jardin. Madame de Ligneville, ne sachant
trop que préjuger du bruit qu'elle avait
entendu, poussa des cris aigus auxquels
répondirent ceux de Lucie et de la nourrice : Georges seul conservait la raison,
et demandait qu'on lui donnât de la lumière ; la nourrice, hors d'elle-même,
ne pouvait trouver le feu ni les bougies ;
enfin on parvint à éclairer les suites de
cette scène.

Custro était étendu nageant dans son
sang, et presque sans mouvement ; madame de Ligneville avait perdu connaissance, et Lucie était allée se cacher à
côté d'elle et s'enfoncer sous la couver-
ture. La jeune veuve, ayant obtenu les
premiers soins, reprit bientôt ses sens,
et fut rassurée par madame Germain,
qui lui présenta Georges comme son li-
bérateur. Un seul domestique étant accouru, fut chargé d'aller prévenir le

Maire, ainsi que M. Robert, de l'événement qui s'était passé au château ; et, comme on apprit du valet que Custro avait enivré tous les autres serviteurs, on lui recommanda également d'envoyer quelques habitans des environs pour être témoins de l'instruction qui devait s'ensuivre.

« Otez, ôtez cet homme, s'écria madame de Ligneville apercevant Custro ; je ne puis supporter cette vue.

— Le gaillard n'est pas mort, dit Georges, en le plaçant sur son séant : je vais le panser, car nous aurons besoin de ses révélations. » Il le prit aussitôt sous les deux aisselles, le traîna dans le corridor, où il lui administra tous les secours que réclamait son état, et le remit ensuite sous la garde de deux montagnons qui vinrent offrir leurs services. Les premiers mots que prononça Custro, en recouvrant l'usage de la parole, furent, *que ces maudits hussards se trouvaient partout.*

« Auriez-vous eu déjà à vous en plaindre ?

— Je le crois bien ! sans une querelle qu'ils m'ont faite à Dijon, il y a six ans, je serais maintenant paisible possesseur d'une fortune de cinquante mille francs.

— J'entends; du portefeuille de la jeune Thérèse !

— Imbécile que je suis ! reprit Custro, en se mordant la lèvre inférieure.

— Prenez note de cela, mes amis, dit Georges aux montagnons; vous verrez par suite que ce gueusard n'en est pas à son coup d'essai. »

Madame de Ligneville s'était habillée, l'ordre était rétabli dans son appartement; Robert arriva et se précipita dans les bras de Knopf. Sa présence ayant été suivie de celle du Maire, et d'une grande quantité d'habitans, prévenus par le domestique qui avait été envoyé à cet effet, on procéda à l'interrogatoire de Custro, qui prétendit s'appeler *Jean*, sans autre nom ni qualification, et déclara n'avoir pris aucune part à la violence de l'étranger envers madame de Ligneville : il assurait avoir été trompé lui-même par cet homme, qu'il n'avait accompagné que dans la croyance qu'il devait révéler un complot à Madame; il ajouta qu'au moment où il avait été renversé par Georges, il était sur le point de prendre la défense de sa maîtresse : enfin, il nia positivement qu'il eût jamais eu aucune liaison avec celui qu'on désignait sous le nom de Lazare.

Le Maire détacha plusieurs paysans à l'ancien château de Surville; mais le nouveau propriétaire n'y avait reparu qu'un instant, et personne ne put indiquer la trace de sa fuite.

Le vieux Durand, premier Magistrat du lieu, fit une enquête dans toutes les formes; en conséquence, il demanda de quelle manière Georges avait pu se trouver dans l'appartement de madame de Ligneville, au moment où les accusés y étaient entrés. Surpris et intimidé par cette question, Georges parut un instant plus embarrassé que ne l'eussent été les vrais coupables ; heureusement, madame Germain avait eu le temps de faire sa confidence à la jeune veuve, et celle-ci se chargea de satisfaire le Maire sur cette question dans un autre moment; ce dont il parut se contenter.

Il fut convenu que Custro, connu seulement sous le nom de Jean, serait conduit près des Magistrats de la ville, avec un rapport sur l'événement qui venait d'avoir lieu. Robert rédigea promptement, avec l'aide du père Durand, cette espèce de mémoire, où Lazare n'était point épargné, et qui fut signé par plusieurs témoins des différens faits qui s'y trouvaient relatés; cet écrit achevé, on plaça Custro sur une charrette qui, suivie de deux montagnons armés de leurs fusils, partit pour Besançon.

Il faisait grand jour; tous les habitans, attirés par l'événement, retournèrent dans leurs demeures, et il ne resta avec madame de Ligueville que l'honnête Maire et ses amis particuliers. La conversation se rétablit encore avec plus de vivacité sur les circonstances de la nuit; on ne put s'empêcher de rendre de nouvelles actions de grâces à Georges; Robert s'informa, à son tour, de la manière dont il était parvenu à secourir la jeune veuve qui, voyant l'embarras du Maréchal des logis et la frayeur de madame Germain, crut devoir donner une explication. Elle déclara qu'ayant eu la veille des soupçons sur la conduite de ses gens, agitée d'ailleurs d'une crainte dont elle n'avait pu se rendre compte, elle avait engagé Georges à passer la nuit dans le cabinet voisin, tandis que madame Germain restait dans sa chambre, sur un fauteuil, et près de Lucie; que celle-ci, ayant entendu quelque bruit, était allée dans le cabinet pour en prévenir le Maréchal des logis, et que, pendant ce temps, les deux complices étaient entrés, etc. Ainsi fut sauvée la réputation de madame Germain.

Malgré les efforts de Robert et de madame de Ligneville pour retenir Georges pendant quelques jours auprès d'eux, ils ne purent y parvenir; comblé de nouveau des expressions de leur reconnaissance, il reprit la route de son hospice qu'il se proposait de quitter le lendemain, pour rejoindre son régiment. En quittant la nourrice il n'avait pu se défendre du plus vif sentiment de regret, et quelques larmes échappées des jolis yeux de cette dernière, lui avaient prouvé qu'elle n'était pas insensible à cette nouvelle séparation. Robert avait voulu le reconduire jusqu'à une certaine distance, dans le dessein d'en obtenir quelques aveux relatifs à ses craintes ou à ses espérances, mais ne put apprendre de lui d'autres détails que ceux qui avaient été confiés à Thérèse.

« Je vous le répète, dit Georges à son

compagnon, en le quittant, je connais toutes les particularités de votre naissance; votre nom est recommandable, il vous sera rendu; mais c'est de M. le comte de Surville dont vous devez attendre ces éclaircissemens. Cependant, confiant dans votre honneur, je laisserai, en partant, à mademoiselle Thérèse, pour vous être remis, le paquet contenant les papiers qui attestent votre individualité, et vos droits à l'héritage de vos parens. J'ignore ce que la guerre me destine; si je succombe, j'aurai du moins la certitude que vous n'y perdrez rien; bien entendu que le Comte seul peut briser l'enveloppe du dépôt que je vous laisse. Après lui, pourtant, vous serez le maître d'agir selon que vous le trouverez convenable. Adieu.

— Je vous remercie, M. Georges, de la confiance que vous m'accordez, soyez certain que je ne puis en abuser; recevez mes vœux pour votre bonheur, et comptez sur ma sincère amitié; adieu. »

Les deux amis s'embrassèrent avant de se séparer, et chacun d'eux s'éloigna tristement.

Thérèse étonnée de la longue absence de Georges, attendait son retour avec impatience : lorsqu'enfin il rentra à l'hospice, elle s'empressa de s'informer de la santé de ses amis ; le Maréchal des logis l'ayant satisfaite sur ce point, lui raconta dans tous ses détails l'événement qui avait eu lieu chez madame de Ligneville et qui avait prolongé son absence. A peine achevait-il sa narration, que Thérèse reçut l'ordre de l'abbesse d'aller donner ses soins à un blessé qu'on venait de transporter sur un lit de la salle. Quelle fut sa surprise, lorsqu'elle reconnut dans ce misérable un de ses compagnons de voyage en Bourgogne, un des assassins de sa malheureuse mère. Au cri d'horreur qui venait de lui échapper à cette vue, le moribond porta ses regards vers elle, et fut à son tour frappé d'étonnement et de terreur.

« Tout s'unit contre moi, dit-il, après un instant de silence ; mon heure est venue, je n'en puis plus douter.

— Je viens vous offrir mes soins, dit enfin Thérèse à Custro, après avoir fait de vains efforts pour contraindre son agitation.

— Vous, des soins ! Oh ! oui, je sais, je connais ceux que vous me réservez.

— Ne confondez point mes sentimens avec les vôtres. A quoi me servirait la vengeance ? elle ne pourrait me rendre ce que vous m'avez ravi.

— Cela est vrai ; mais faute de mieux vous en userez.

— N'ayez aucune crainte : la religion et mes devoirs me tracent une autre conduite.

— Du reste, si les hussards se sont mieux arrangés que moi, vous ne devez plus avoir votre portefeuille.

— Etait-ce donc là l'unique but de votre cruauté ?

— C'était du moins le seul avantage

que j'en espérais pour mon propre compte. Après cela, demandez à Lazare pourquoi madame Delval l'embarrassait en ce monde.

— Quoi ! ce monstre aurait encore pris part à cette atrocité ?

— Sans doute ; il venait de se marier à Paris, et sa première femme le gênait.

— Qu'osez-vous dire !.....

— Ce que j'ai découvert malgré lui ; qu'il n'est autre que Delval, ancien secrétaire de M. de Surville, et enfin votre père.

— Grand Dieu ! s'écria Thérèse, en se laissant tomber sur une chaise et versant un torrent de larmes.

— Au surplus, reprit Custro, sa seconde compagne est morte à son tour des chagrins et des mauvais traitemens qu'il lui fit endurer lorsqu'il s'aperçut qu'il avait été trompé sur sa fortune ; mais il vient de faire, ainsi que moi, sa dernière opération, et nous nous verrons, pour la dernière fois, sur la place

Saint-Paul (1), je l'espère du moins ; car on ne veut me guérir de ma blessure que pour me tuer plus complètement. »

Les chirurgiens étant venus visiter le malade, Thérèse se retira, accablée de la confidence qu'elle venait de recevoir, et s'en alla dans sa cellule se livrer plus librement à la douleur dont son âme était oppressée. Le lendemain, ayant été chargée de porter à Custro une potion qui lui était destinée, celui-ci lui remit une lettre qu'il venait de recevoir.

« Je suis à l'hôpital, où j'ai obtenu la » permission de remplacer pendant un » jour un infirmier que je paye pour s'ab-» senter : à deux heures je serai près de » vous, tâchez d'être seul ; notre intérêt » commun exige que nous nous entrete-» nions. »

Cette lettre était sans signature ; mais Thérèse conçut aisément quel pouvait en être l'auteur. Deux heures sonnèrent

---

(1) Place des exécutions.

au même instant; Custro fit signe à la jeune sœur de se placer dans un passage établi entre le mur de la salle et la ligne serrée des lits. Dix minutes après, elle aperçut, à travers une ouverture des rideaux du blessé, un étranger qu'elle reconnut pour Lazare lui-même, et entendit le dialogue suivant :

« Tu es bien seul ?

— Non, puisque vous voilà.

— Je viens te dire que j'ai pris des mesures pour te faire échapper au moment où tu sortiras d'ici pour entrer en prison : ainsi garde-toi de me compromettre, car alors je ne pourrais plus exécuter mon dessein.

— Ne redoutez-vous que mes aveux ?

— Ils te seraient aussi funestes qu'à moi.

— Effectivement, en m'accusant tout le monde vous nomme.

— Misérable ! tu auras déjà commis quelque indiscrétion ?

— Je n'ai parlé de vous qu'à votre fille.

— Quoi ! tu as osé lui déclarer.....

— Tout. Que voulez-vous ! j'ai besoin de me faire des amis, dans la position où vous m'avez placé.

— Quelle faiblesse ! et penses-tu que Thérèse laisse échapper cette occasion de se venger ?

— Je serais tenté de le croire : elle ne paraît pas tenir de vous.

— Insensé ! tu ne connais guère la dissimulation de ce sexe infâme. Peut-être, en ce moment, s'occupe-t-elle des moyens les plus prompts de nous sacrifier tous deux à son ressentiment.

— Je ne le crois pas ; car il n'y a qu'un instant, en me présentant la potion qui est encore sur cette table, et que je vais prendre, elle semblait plaindre l'assassin de votre épouse.

— Tu t'abuses, Custro : cette générosité n'est qu'une feinte..... En attendant, songe à ne pas avoir d'autres confidens de nos secrets;...,. je te promets une prompte délivrance; tiens, prends ta potion. »

Thérèse, qui suivait tous les mouvemens de Delval, s'aperçut que celui-ci venait de lancer mystérieusement une poudre grisâtre dans le verre qu'il présentait à Custro; il était près de le porter à ses lèvres, lorsqu'elle ouvrit précipitamment le rideau, et arracha des mains du blessé le breuvage mortel.

« Fuyez, malheureux ! s'écria-t-elle, en fixant sur son père des yeux égarés par la terreur et l'indignation; fuyez, épargnez-vous un nouveau crime. »

Delval, comme frappé de la foudre à cette apparition subite, fut un instant immobile ; mais bientôt, rappelant ses esprits et recouvrant le sentiment de son danger, il disparut comme un trait.

Thérèse, agitée des plus cruelles pensées, se retira l'instant d'après, et, ne pouvant supposer que Robert et madame de Ligneville reconnussent son père dans le perfide Lazare, elle s'empressa de leur écrire les détails de cette dernière aventure.

FIN DU TOME SECOND.

ficateurs ou inspecteurs des poids et mesures.
specteurs de la navigation et des ports.
gustateurs des boissons.
ntrôleur des bois et charbons.
mmissaire de la bourse.
embres des bureaux de bienfaisance.
é du Gouvernement du 15 brumaire an IX (6 no-
1800), art. 7.

ETS DE DÉPARTEMENT.

1er. Il y a pour chaque département un préfet
ous-préfets. Voir *Administration. Conseils de*
re.

dépendamment de leurs fonctions civiles, ils
t la police administrative, et les fonctions des
saires généraux de police dans les lieux où il n'y
nt. Voir *Commissaires généraux de police*. Voir
lice, art. 9.

es préfets, sous-préfets, et les secrétaires géné-
préfecture sont nommés par le Roi.
réfets pourvoyent au remplacement provisoire
étaires généraux, en cas d'absence ou de maladie.
et du 18 prairial an XIII (1er. juin 1805).

Par une ordonnance du Roi du 9 avril 1817 :
secrétaires généraux de préfecture, celui du département de
xcepté, sont supprimés.
plus ancien des conseillers de préfecture fait les fonctions de
général.

n préfet ne s'absente point de son département
e permission de Sa Majesté. Il s'adresse à cet
ministre de l'intérieur. *Arrêté du Gouverne-*
17 ventose an VIII (8 mars 1800). Pendant
nce, il se fait représenter par un membre du
de préfecture, à son choix. S'il ne s'absente que
lieu et non du département, il peut se faire
er par un membre du conseil de pré-

www.ingramcontent.com/pod-product-compliance
Lightning Source LLC
LaVergne TN
LVHW021941030726
842523LV00001B/246